づくりの革新から、米国の影響を受けながら、**製造業のサービス化や産業や社会全体のデジタル化**といった広い捉え方へと急速に変化させています。

そこで、本著では、世界的に進むこの革新を、「第４次産業革命」と表現し、各国の最先端企業の事例を紹介しながら、今後の未来予測を行うことにしました。本著で言う「第４次産業革命」とは、ドイツが取り組む「インダストリー４・０」プロジェクトや、米国でスタートしたＩｏＴ（インターネット・オブ・シングス）と人工知能（ＡＩ）×ビッグデータ分析、中国が取り組む「中国製造２０２５」などデジタル社会への転換を広く指しています。

２０１８年、世界を代表する半導体メーカーや関係者が集まって、２０３３年までの半導体チップ性能と製造計画が決められました。これから、コンピュータやセンサーは、急速に小さくなって、**スマートダスト**（**賢いチリ**）と呼ばれる**超小型コンピュータ**が生まれます。大きさだけではありません。コンピュータの**計算速度**がさらに速くなり、**計算コスト**が驚くほど低くなっていくのです。

これは、自動運転など私たちのまわりで実現しつつあるテクノロジーのコストという経済的な壁を一気に突き破って、実用化を後押しするはずです。

この本を手にしていただいているのは、20代や30代の若手・中堅のビジネスパーソンや、もしかしたら10代の学生の方かもしれません。みなさんは、これまでの時代とは大きく違う、「第４の産業革命が実現する時代」を生きていくことになるはずです。

前著『決定版　インダストリー４・０』では、ＩＢＭのスーパーコンピュータが世界チェスチャンピオンを破ったことや、人工知能ワトソンが米国のクイズ番組「ジョパディ！」に登場して、クイズ王を打ち負かしたことを紹介しました。

そして同著出版の翌年、２０１６年に、あっと驚くニュースが駆けめぐります。米国のグーグルが買収したイギリスのＡＩ開発企業「ディープマインド社」が開発した「アルファ碁」が、当時、世界トップ棋士と目されていたイ・セドル九段に勝利したというものです。

ＡＩがディープラーニングを活用し、過去の棋譜を数万通り読み込んだだけでなく、コンピュータ同士が数万通りのシミュレーション対戦を行って、世界チャンピオンを圧倒するだけの実力を身に付けたことに、世界が驚きました。これを見て、日本でもＡＩブームが起こったことはご記憶の通りです。

しかしこれは、始まりにすぎません。

２０１９年10月、グーグルは英『ネイチャー』誌に、「量子コンピュータが、スーパーコンピュータをしのぐ計算に成功した」と発表。注目が集まっています。

また、ＡＩや5Ｇ機能が搭載された超小型コンピュータが、スマート工場、自動車、ＩＴ企業データセンターで活用される計画が進んでいます。

世界中が、これから起こることを、かたずをのんで見つめています。

本著では、世界の富が集まる自動車産業の進化にもフォーカスしました。

今、ディープラーニング技術を、3次元の地図情報に落とし込んで、アルファ碁と同じように、デジタルシミュレーションによる自動運転の走行実験がすさまじい勢いで進んでいます。ＥＶが自動車の主流になるための鍵を握るとされる全固体電池も、ＡＩを使った開発アプローチが行われたといいます。

「ＡＩが、近い将来、社会や会社をひっくり返すのではないか？」

「日本のビジネスパーソンや経営者は、この新しい時代をどのように切り開いていけばいいのか」

この答えを探すために、日本を代表するＡＩの科学者や経営者がシンクタンク「日本経済調査協議会」に集結して、1年半、白熱した議論を行いました。本著ではさしつかえない範囲で、この研究会での議論のエッセンスや世界のデジタル革命の最新情勢を紹介していきたいと思います。

第2章の「第4次産業革命を実現するテクノロジー&コンセプト」、第3章の「第4次産業革命の注目企業」、第6章の「日本の未来」のパートでは、それぞれの識者へのインタビューも掲載しました。

第２章では、ヤフーＣＳＯ（最高戦略責任者）・慶應義塾大学環境情報学部教授で、日本のＡＩ人材育成をリードする安宅和人《あたかかずと》氏、第３章では、ドイツのインダストリー４・０の構想に尽力した、欧州最大のコンサルティング会社の創業者であるローランド・ベルガー名誉会長、第６章では、日本初の民間ＩｏＴコンソーシアム、ＩＶＩ（インダストリアル・バリューチェーン・イニシアティブ）理事長で法政大学デザイン工学部教授の西岡靖之氏にご協力いただきました。

２０１７年に、前著が中国で翻訳出版されたことがご縁で、北京や杭州をはじめ、中国のＡＩの第一人者の方たちと意見交換した内容も、第４章「各国の第４次産業革命の取り組み」に織り込みました。日本では、中国の最先端の動きはわかりにくいので、参考にしていただければと思います。

２０１８年から２０１９年にかけて、米国が中国に制裁関税を課して、これに中国が報復関税を課すという**米中貿易摩擦**と呼ばれる対立が起こりました。

この貿易摩擦の背景に、**第４次産業革命の覇権争い**があることは、間違いありません。

「中国のＡＩチップが、米国の最新戦闘機に搭載されるシナリオは、どうしても避けなくてはならない」

この危機感が、今回の米中対立の本当の背景だと指摘する声もあります。

第１章では、米中貿易摩擦とデジタルテクノロジー覇権、ファーウェイ問題と５Ｇについても取り上げました。

一方、日本では２０１９年11月、ヤフーとＬＩＮＥの経営統合が発表され、国内最大級のＩＴ企業が誕生することになりました。本著では、世界で存在感を強める巨大ＩＴ企業・デジタル・プラットフォーマーの事例も取り上げ、このような最新企業動向の背景がわかるように工夫しました。

この本は、ビジネスパーソンや企業経営者の方々、これからの日本を担っていく学生や教育関係者の方々にぜひ読んでいただければと思います。

そして、第４次産業革命や、ＡＩ、ＩｏＴをめぐる世界情勢を見る視点、これからの新しいビジネスモデル、生活や教育を考えるヒントとなることを願ってやみません。

２０１９年11月

尾木　蔵人

目次

第1章

第4次産業革命の最前線

第２章

第４次産業革命を実現するテクノロジー＆コンセプト

第3章

第4次産業革命の注目企業

第4章　各国の第4次産業革命の取り組み

第5章

２０３０年の第４次産業革命

第 1 章

第 4 次産業革命の最前線

1

ＩＴプラットフォーマーとレガシー企業の最終戦争

トヨタ、ダイムラー、エアバスが迎えた大変革期

「今、日本が世界に誇れる製品って何だろう？」

こう聞かれて、あなたは何と答えるでしょう。おそらく多くの方が「自動車」と答えるのではないでしょうか？

半導体や家電製品で世界トップの座をゆずっても、自動車メーカーや自動車部品メーカーなど、自動車産業は日本のモノづくり産業を象徴する存在です。

その自動車産業をリードする日本のトップ企業、トヨタ自動車の豊田章男社長が２つのメッセージを発信しています。

ひとつは、豊田社長がトヨタグループ企業や、部品納入企業（サプライヤー）に対して語った言葉です。

「１００年に一度の大変革が、自動車産業に起こっている」

これは、自動運転に代表される新しい車のあり方や、電気自動車への世界的な挑戦などを指していると理解されています。

２つ目は、２０１８年の株主総会で豊田社長が株主に向かって紹介した、トヨタ自動車社内でのエピソードです。豊田社長はこう語りました。

「社員にこんなことを聞かれました。戦う戦うって、社長は一体、誰と戦っているのですか？」

この話を聞いたとき、真っ先に思い出したのは、イギリスの『フィナンシャル・タイムズ』の記事でした。

日本と並んで、世界的な自動車産業の国、それはドイツです。そのドイツを代表するトップ企業といえば、ダイムラーでしょう。ダイムラーの星をイメージしたロゴマークは、世界中どこにいってもあこがれの的。１３０年前にガソリン・エンジンを世界で初めてつくったダイムラーのメルセデス・ベンツは、日本の高級車市場でも大きな存在感を放っています。

ところが、『フィナンシャル・タイムズ』は「**ダイムラーのライバルは、アップルかもしれない**」と、警鐘をならした記事を掲載したのです。

自動車産業のデジタル化が猛スピードで進む中、ドイツの自動車産業は、うかうかしてはいられない。今、この新しい流れの本質を見極めて、どんどん攻めていかないと、ドイツを代表するダイムラーの車が近い将来、トップＩＴ企業アップルのロゴをつけて走っているシナリオは十分ありえる。そんな見方を報道しているのです。

もうひとつ、ボーイング社と旅客機の世界市場を二分する航空機メーカー、エアバス社の例をご紹介します。

エアバス社は、戦後米国メーカーが独占してきた旅客機市場に参入するために、ドイツ、フランス、英国が連合で設立したメーカーです。２０１９年、ボーイング社の最新鋭機７３７ＭＡＸが世界中で飛行停止となったことを受けて、旅客機受注残高だけでなく、売上高でも世界一を達成することが確実視されています。２０１９年にハワイ便に就航した全日空の海ガメ塗装の2階建て大型機エアバスＡ３８０や、稲盛和夫京セラ名誉会長がＪＡＬ再建に取り組んだ際、主力機として採用が決まった最新鋭機エアバスＡ３５０でご存じの方もいるかもしれません。

２０１８年、名古屋商工会議所の経済交流ミッションがフランス・トゥールーズのエアバス本社を訪問しました。名古屋のある愛知県といえば、日本初のジェット旅客機である三菱スペースジェット（旧ＭＲＪ・三菱リージョナルジェット）や、ボーイングの最新鋭機の胴体や翼の製造を引き受ける日本の航空機産業の中心地です。

名古屋商工会議所役員の経営者たちが、世界を代表するトップ航空機メーカーを視察し、これからの航空機産業の未来を考えるというミッションでの席上。私も、ドイツのデジタル製造や電気自動車（ＥＶ）への取り組みをご紹介するために欧州に飛び、エアバス社訪問のプログラムからオブザーバーとして参加していました。

そのとき、エアバス社がこれから第４次産業革命が進んでいく中で、彼らの考える「**ライバル企業**」について語った言葉に、「おやっ?」と驚きました。

エアバス社側はこう語ったのです。

「私たちエアバス社が20年後にライバルとして向き合うのは、米国にある某社ではないと考えています（某社とは、ボーイング社のこと）。

まだその答えは明らかではありませんが、わかっているのは、**デジタルの力を使った新しい移動・モビリティが、間違いなく大きく進んでいく**ということです。そのために、ＩＴベンチャー企業をはじめ、新しい企業と協力しながら、真っ先にエアバス社がその答えに到達できるよう、研究開発を積極的に進めています」

トヨタ自動車の豊田社長のメッセージ。
『フィナンシャル・タイムズ』が示した自動車産業の未来。
エアバス社が率直に語ってくれた旅客機の未来。
私は、これらすべてが同じ答えを示していると解釈しました。

それは、世界のトップ自動車メーカーや航空機メーカーが、これからライバルとして向き合っていくのは、「デジタル社会への転換・第４次産業革命を実現する**デジタル・ソリューション、新しい企業連合のチームである**」ということです。

この新しい企業連合チームのリーダー・ポジションを狙っているのが、GAFAに代表される米国のトップＩＴ企業、**デジタル・プラットフォーマー**です（図表１-１）。この企業連合にはもちろん、若いデジタル技術やアイデアを持つスタートアップ企業や、これまでモノづくりを極めてきた製造会社も含まれるはずです。

第４次産業革命の世界では、１社だけがすべてのサービスを提供できるとは限りません。むしろ、それぞれの得意分野のサービス（ソリューション）を組み合わせて、最適なチームをつくることでサービスの質は向上します。そこで最高のサービスを出せた企業連合が、それぞれの産業のリーダーになっていくでしょう。

図表1-1　米国のトップIT企業　GAFA

G	Google	グーグル
A	Apple	アップル
F	Facebook	フェイスブック
A	Amazon	アマゾン

米国のトップＩＴ企業が知っていること

21世紀に入り、産業構造は大きく変化し、スマートフォン（スマホ）に代表されるデジタルの力で新しいビジネスモデルが次々に生み出されています。コンピューティングパワーは、現在も加速度的に拡大していて、**ＡＩ（人工知能）**を使ったビッグデータの分析を通じたデジタルの力を、ますます進化させています。

それでは、このコンピューティングパワーを最も理解し、ビジネスモデルに取り入れているのは、誰でしょうか？

それは、シリコンバレーに象徴される米国のトップＩＴ企業です。トップＩＴ企業は、デジタル技術を提供するのが仕事。コンピューティングパワーの実力を最も知る立場にあるのです。

こうして見てみると、米国のトップＩＴ企業が最先端のコンピューティングパワーを使ったデジタル技術、ＡＩやソフトウエア、クラウドコンピューティングによるプラットフォームの提供、ビッグ

図表1−2　世界の時価総額トップ10企業（2019年10月）※単位/10億ドル

順位	社名	国	時価総額
1	マイクロソフト	米国	1,028,108
2	アップル	米国	989,520
3	アマゾン・ドット・コム	米国	847,460
4	アルファベット（グーグル）	米国	816,768
5	フェイスブック	米国	511,762
6	バークシャー・ハサウェイ	米国	502,394
7	アリババ・グループ・ホールディング	中国	431,594
8	テンセント・ホールディングス	中国	395,739
9	ビザ	米国	380,488
10	JPモルガン・チェース	米国	362,115
⋮			
43	トヨタ自動車	日本	218,132

出所：各国証券取引所データなどをもとに三菱UFJリサーチ＆コンサルティングが作成

データ分析などのサービスを提供する方向に進んでいる理由がよくわかります。

世界の時価総額ランキングのトップ10を見てください（図表1－2）。

時価総額とは、企業の「株価×発行株式数」で、その企業価値を表す指標です。言い換えれば、機関投資家などの株主が、それぞれの企業の利益水準やこれからの成長性を評価した通信簿とも言えます。

そのトップ5社すべてが米国のトップＩＴ企業です。日本企業の中で、時価総額が最大のトヨタ自動車と比較してみると、これら米国のトップＩＴ企業の市場価値がいかに巨大かということがわかります。

その規模があまりに巨大になったため、今では、これらの企業は、**デジタル・プラットフォーマー**とも呼ばれています。

プラットフォーマーという言葉を日本語に訳すと、「参加者が活動する場（プラットフォーム）を提供するリーダー会社」となります。リーダーの仕事には、その場のルールを決めて、参加者をとりまとめることも入ります。

21世紀のデジタル・プラットフォーマーとは、デジタル技術を活用した場を提供する新しいリーダー、と考えるとわかりやすいかもしれません。

米国は原則、自由競争を前提とする社会ですから、トップＩＴ企業は政府の干渉を受けず、自力で、それも急速に成長してきました。

ＧＡＦＡの設立年を見ると、グーグルは１９９８年　アップルは１９７６年、フェイスブックは２００４年　アマゾンは１９９４年と、日本のトップ企業と比較して、若い企業であることがわかります。

21世紀に入ってから、コンピューティングパワーの拡大を受けてデジタル・プラットフォーマーとしての力を急速に伸ばし、今や、**国の国家予算をしのぐほどの時価総額**になってきているのです。

これらの米国のトップＩＴ企業から見ると、コンピューティングパワーやデジタルテクノロジーを理解せず、実際のビジネスに活用しない企業は、非常にもどかしく感じるはずです。一説によると、米国トップＩＴ企業の関係者は、自分たち以外の最新テクノロジーを活用しよう

図表1–3　相対する2つの勢力

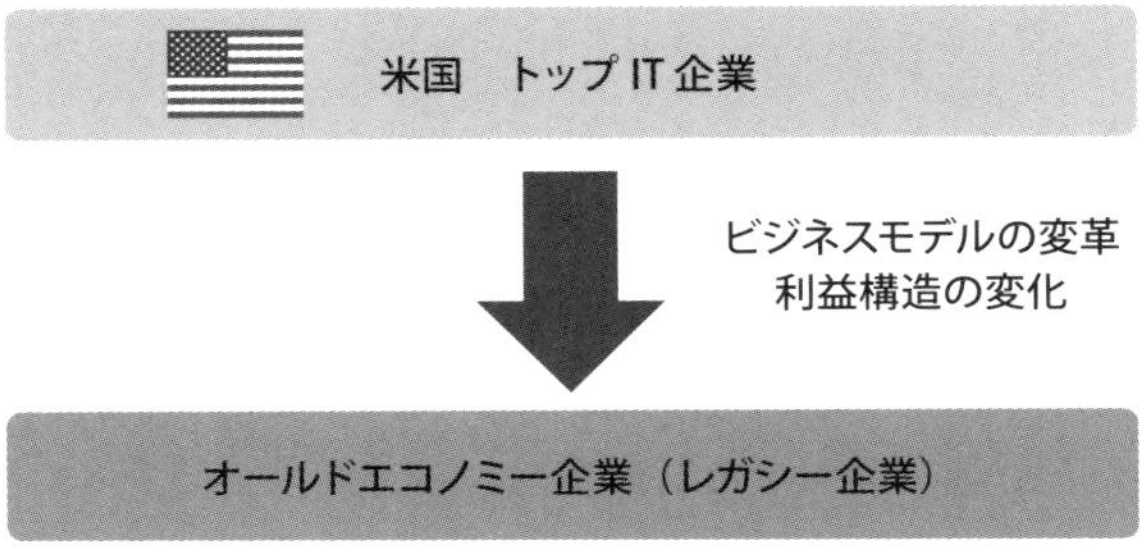

としない企業を、**レガシー（旧式の遺産企業）**と表現することすらあると言います。

　レガシーとも呼ばれるオールドエコノミー企業は、20世紀まで自動車や工作機械、石油、電気、エレクトロニクス技術を活用して確固たる既得権を確立して、ビジネス収益をあげる社会のシステムをつくってきました。

　でも、トップＩＴ企業の立場から見てみると、今は、千載一遇のチャンスです。新しいデジタル時代のビジネスモデルを築くことで、既得権を確立している既存産業や企業の権利や収益を奪いにかかっているともいえます（図表１−３）。

　例として、最初に紹介した自動車産業がわかりやすいでしょう。

　今、トップＩＴ企業が最もヒトやお金の資源を投入している分野に、自動運転があります。自動運転が実用化されると、車という概念は変わっていくと考えられています。消費者が自動車に対して最も価値観を置くのは、「安全」

ではないでしょうか。この安全を保障するのは、これまでは自動車メーカーでした。

例えば、ドイツの高速道路アウトバーンを時速２００キロで走るには、ベンツやポルシェ、ＢＭＷに乗っていれば、走行性能やブレーキシステムを含め、安心して運転できることをメーカーから保障されています。日本でも、大手メーカーの車であれば安心が保障されている。それが、これまでの自動車の世界でした。

ところが、自動運転が実用化されるとどうでしょうか。その自動モードの運転の安全性を保障するのは、トップＩＴ企業や、シェアリングカーを提供する企業などにシフトしていく可能性は十分あります。

つまり、車で移動することが生み出す価値に対する対価（お金）を、ユーザーが誰に払うのか、その構図が変わってしまう可能性があるのです。

トップＩＴ企業は、最新鋭のＡＩやデジタル技術を活用して自動運転を主体的に実現することで、「自動車をつくって売る」という、これまでのビジネスモデルを変化させ、収益や既得権をオールドエコノミー側の企業からシフトさせられます。

先に紹介した世界の時価総額のランキングは、そのような**ゲームチェンジ**の可能性が高いと世界のトップ投資家や投資ファンドが予想し、投資した結果なのです。

日本でも、通信メガキャリアに成長したソフトバンクが、ビジョン・ファンドを設立して機関投資家としての活動を活発化しました。投資家として、世界でも注目を集める孫正義会長が投資しているのは、このゲームチェンジにチャレンジする側の**ユニコーン**と呼ばれる新興テック企業群です（１６７ページ参照）。

第１次産業革命の時代、米国では、鉄道王と呼ばれる鉄道事業を行う富裕層が社会をリードしていました。しかし、第２次産業革命がスタートして、自動車の発明と大量生産によって社会が大きく変化し始めます。それでも鉄道事業会社は、自動車という新しいイノベーションの重要性をなかなか理解できずに、自動車に主要な移動手段を奪われるまで変われなかったといいます。

今こそ、この過去の事実を思い起こす必要があります。

米国のトップＩＴ企業に対抗する
ドイツの国家プロジェクト「インダストリー４・０」

では、これらの米国のトップＩＴ企業に対抗するには、どうしたらよいのでしょうか？

そのためには、コンピューティングパワーとデジタルテクノロジーを理解し、自らが先頭に立って、新しい第４次産業革命の時代に付加価値と利益を生み出すビジネスモデルをつくり上げるしかありません。

まず動き始めたのは、欧州のドイツでした。ドイツは、政府と企業、大学や研究機関がチー

図表1-4　インダストリー4.0による対抗

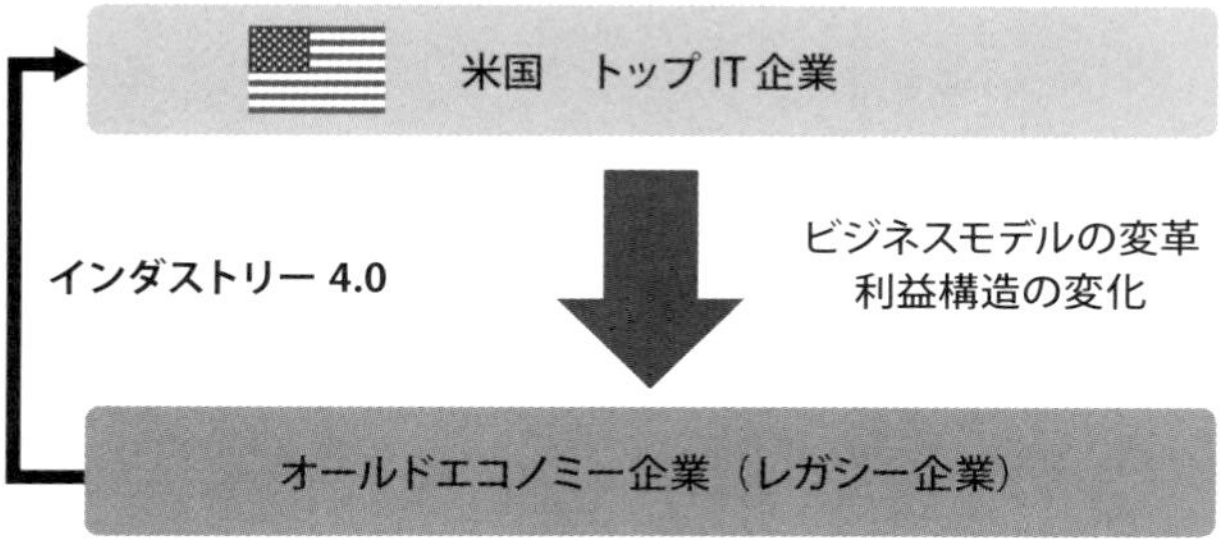

ムを組んで、国を挙げて「**インダストリー4・0**」というプロジェクトを立ち上げ、産業のデジタル化に取り組み始めます（図表1-4）。

　ドイツからすれば、ドイツの産業の屋台骨である自動車産業が、米国のトップＩＴ企業の下請けになって、収益や雇用がシフトしてしまうシナリオは、絶対に避けなければなりません。

　自動運転などのモビリティサービスでも、世界トップレベルの水準でリードしていくこと。そして、自動車メーカーのみならず自動車部品メーカーと協力し、デジタルの力で、部品から製造、サービスまで、新しいバリューチェーンを構築すること。ドイツはものすごいスピードで、自らを変革していこうとしています。

2 米中貿易摩擦とデジタルテクノロジー覇権

世界を〝Ｇ２〟が動かす時代

「（Ｇ７ではなく）Ｇ２の時代」

こう聞いて、みなさんはどの国を思い浮かべるでしょうか？

「米国」は、誰もがすぐに思いつくはずです。では、もうひとつの国は？「ロシア」？「ドイツ」？　それとも、もしかしたら「日本」？

答えは、「中国」です。

実際には、国際外交の世界で、正式な「Ｇ２」という枠組みはありません。これは今、中国の若いビジネスエリートたちが世界情勢を語るときに、前提として使い始めている言葉です。中国のニューリーダーたちが、身内の会話の中でたとえとして使っている言葉なのです。

図表1-5　G2のGDP比較

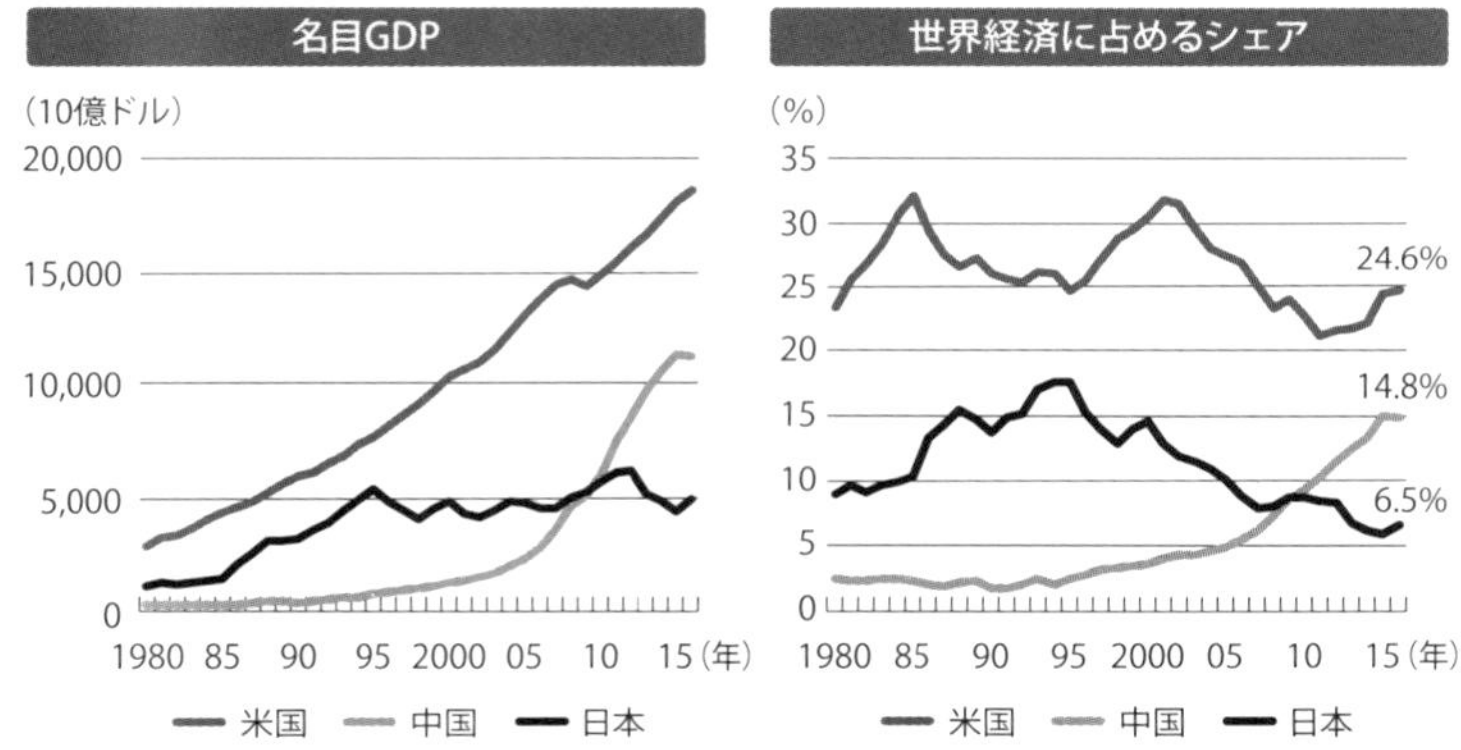

出所：国連統計をもとに三菱UFJリサーチ＆コンサルティングが作成

図表1-5のグラフを見てください。中国のGDPは現在、世界第2位となり、その数値は米国に大きく迫っています。世界の覇権を狙う二大大国という意味で、G2という表現は、あながち誤った表現とはいえないでしょう。

先進国首脳会議のG7やG20などのGとは、Groupの頭文字を表しています。

その一方で、2011年、米国の政治学者イアン・ブレマー氏が、米国1国の世界覇権から分断した国際社会を「**Gゼロの時代**」に移ったと分析して話題になりました。このGとは、重力を表す英語「グラビティ（Gravity）」の頭文字からとったものです。

今、国際社会や経済が、米国と中国という2つの重力「**G2の世界**」に引っ張られていく、そんな解釈が、米中関係に翻弄される世界情勢を表していると考えられなくもありません。

２０１９年６月に大阪で開催されたＧ20首脳会談でも、米中貿易摩擦の当事者である米国のトランプ大統領と中国の習近平国家主席が来日し、世界の注目が大いに集まったことは、記憶に新しいと思います。

ここまで成長を遂げた中国が抱える課題とは何でしょうか。それは以下の３点です。

１．一人っ子政策の結果、高齢化が進み、将来、労働者不足が見込まれること
２．経済成長に伴う賃金上昇
３．世界の工場となったことの代償としての環境対策

これらを解決するために、２０１５年に国の政策として打ち出されたのが、製造業の長期計画である、「**中国製造２０２５**」と、情報産業をすべての産業に活用する「**インターネットプラス**」政策です。

さらに、中国は、２０１７年11月、ＡＩを活用した国家政策「**次世代ＡＩ発展計画**」を発表します。この計画の主な内容は、

「２０２０年までに、ＡＩの全体的な技術を世界先進レベルに引き上げる」

「２０２５年までに、ＡＩの一部技術と応用分野で、世界トップレベルに到達」
「２０３０年までに、理論、技術、応用分野で、世界トップレベルに到達」

を目指すというものです。

デジタルに突き進む中国

21世紀に入った段階で、デジタルの力を最も理解し、新しいビジネスモデルで世界経済を席巻しているのは、米国のトップＩＴ企業のはずでした。

しかし、そのトップＩＴ企業にも負けない、デジタルパワーを駆使するデジタル・プラットフォーマーが現れています。中国のトップＩＴ企業です。

世界の時価総額トップ10に入るアリババ、テンセント、そして百度（バイドゥ）がそれで、これら3社を合わせて「ＢＡＴ」と呼ばれています（図表1-6）。

バイドゥは、中国最大手の検索エンジンを提供する企業。中国のグーグルといったところです。

アリババは、中国のアマゾンともいわれるｅコマース企業。「アリペイ」で、中国以外にアジア・ユーラシア地域にかけて決済、ファイナンス会社としての存在感も増しています。ソフトバンクは、このアリババのＩＰＯ株式公開により、投資ポートフォリオの基盤を築いたとい

図表1–6　中国のトップIT企業　BAT

B	Baidu	バイドゥ
A	Alibaba	アリババ
T	Tencent	テンセント

う意見もあります。

テンセントは、中国最大のＳＮＳとなった「ウィーチャット」からスタートして、アリババと並ぶ中国のトップＩＴプラットフォーマーに成長した企業。２０１８年に、日立製作所が提携を発表して話題になりました。

中国に出張や旅行をしたことのある方はよくご存じだと思いますが、中国に入国したとたん、グーグルやフェイスブックといったサービスが使えなくなります。中国は、国内のＩＴ企業を育成する狙いもあって、一部の大手米国トップＩＴ企業の活動を実質、制限しています。これは**「グレート・ファイアウォール（Great Firewall）」**＝火事が広がるのを防ぐ（データの）耐火壁と呼ばれています。「データ鎖国」と考えるとわかりやすいかもしれません。

このデータ鎖国の状態の中で、これらの中国版トップＩＴ企業は、驚くべきスピードで急成長してきました。米国のトップＩＴ企業と遜色のない、世界トップクラスのレベルまでデジタル技術を磨き上げてきているのです。

図表1-7　新勢力　中国トップIT企業（BAT：アリババ、テンセント、バイドゥ）

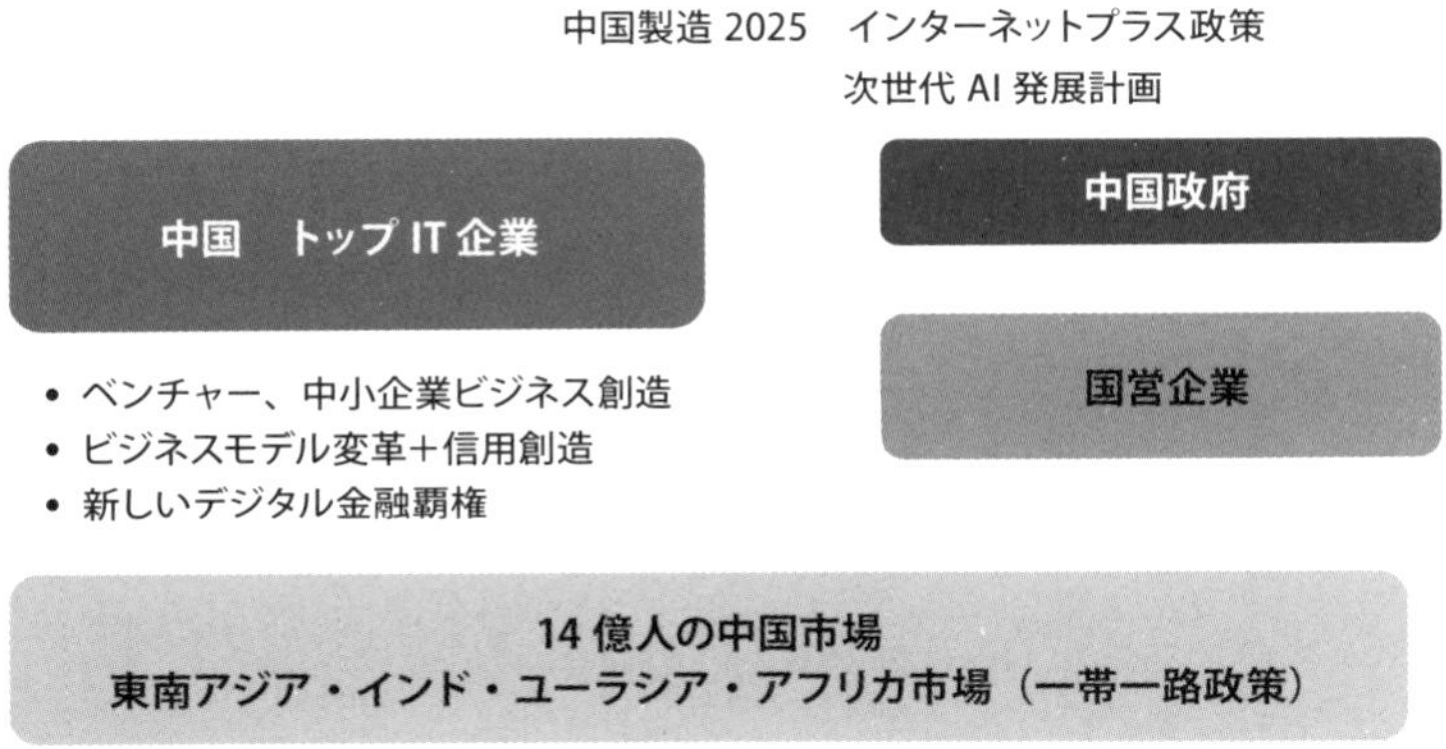

「中国製造２０２５」や「インターネットプラス」政策、さらには、「次世代ＡＩ発展計画」を打ち出し、デジタル技術、ＡＩの活用によるさらなる発展を目指す中国政府から見れば、このトップＩＴ企業の活躍は、大きな原動力になります。中国のトップＩＴ企業は、これまでデジタル化が進んでいなかった産業や商取引を、一気にデジタル化する強力なサポーターになれるからです。

一方、中国では今、デジタル分野やＡＩ開発を行う民間のスタートアップ企業が、世界で最も多く生まれているとされています。

これら「原石」であるスタートアップ企業の中から、将来的に輝く「ダイヤ」の企業を見つけ、支援するために、中国政府はトップＩＴ企業に「目利き」を依頼していると聞きます。「モチは餅屋」です。餅屋のリーダー・中国のトップＩＴ企業に、成長株の技術やスタートアップ企業を発掘・審査してもらい、政府の補助金を投入するという考え方です。そのための補助金は国民の税金から捻出されていても、結果的に、社会のデジタル化が進み、国民が豊かになるのであれば、それでオーケーという割り切りなのかもしれません。

中国が恐れる〝日本がたどった米国との貿易戦争の敗北シナリオ〟

その一方で、中国のビジネス・リーダーたちが心配していることがありました。それは、米国に迫る勢いで発展する中国経済に対して、米国が対抗策を講じてくることです。

その恐れは、２０１８〜２０１９年、現実のものとなりました。

トランプ大統領の「**米国ファースト**」の方針のもと、米国はグローバル産業政策から一転、保護貿易政策を始めます。中国を最大のターゲットとして、追加関税措置が発令され、これに中国が応酬、米国と中国の貿易戦争の様相を呈してきています。

世界トップを走ってきた米国にとって、中国は今、最大のライバルとなりました。現在の米中貿易摩擦、知的財産権の対立は、こうした2カ国の覇権争いが背景にあると考えることができます。

「中国製造２０２５」についても、２０１８年10月、米国のペンス副大統領が対中国の強硬姿勢を表明した演説で、名指しで批判され、世界で注目を浴びました。「中国に半導体・デジタル産業領域のテクノロジーの覇権は絶対に渡さない」というのが米国の本音なのかもしれません。

超小型コンピュータにＡＩが投入されるなど、ＡＩは今後、どんどん産業に実装化されていくでしょう。しかし、ディープラーニングやニューラルネットワークが埋め込まれたＡＩ・コンピュータチップは、端的に言うとブラックボックスになっています。簡単には中身を検証できないのです。例えば「中国のＡＩチップが米国の最新戦闘機に搭載されるシナリオは、どうしてでも避けなくてはならない」。これが米国の本音で、こういった危機感が今回の米中対立の本当の背景だという見方もできるのです。

一方、この米国の対抗策を予想した中国のビジネス・リーダーたちは、かつて世界屈指の高度成長を遂げ、１９８０年代にはエレクトロニクスや半導体、自動車産業で世界トップの評価を得て、米国の覇権に迫った日本のケースを徹底的に研究したといわれています。

日本についていえば、当時、日米貿易摩擦が勃発して、今回中国に対して実施されたのと同じ米国通商代表部（ＵＳＴＲ）による通商法３０１条が発令されました。そして、最終的には、円の対ドル為替相場を大幅に切り上げるという形で決着をみました。その後、日本企業はこの円高を克服するために、海外に工場をつくって、現地生産比率を高めていったことはご存じの通りです。

3 ファーウェイ問題と５Ｇが開く未来

ファーウェイ問題とは何だったのか？

ファーウェイは、２０１９年第１四半期、アップルの世界シェアを抜き、サムスンに次いで世界第2位のスマートフォンメーカーになりました。その直後の２０１９年5月、米国は、ファーウェイを輸出規制リストに指定し、世界中に大きな衝撃が走ります。

米国のグーグルが、スマホの端末用基本ソフト（ＯＳ）・アンドロイドやアプリのファーウェイへの提供打ち切りを発表する一方、その後表明された緩和措置の実務措置をはじめ、ファーウェイをめぐる今後の動向が注目されています。

ファーウェイは、スマホメーカーであると同時に、通信機器・テクノロジー企業としての顔を持っています。図表1-8は、５Ｇをめぐる企業別の特許出願件数を示しています。ここからも、ファーウェイが世界トップクラスの５Ｇ技術を有することが見てとれます。このことか

図表1-8　5Gをめぐる企業別特許出願件数

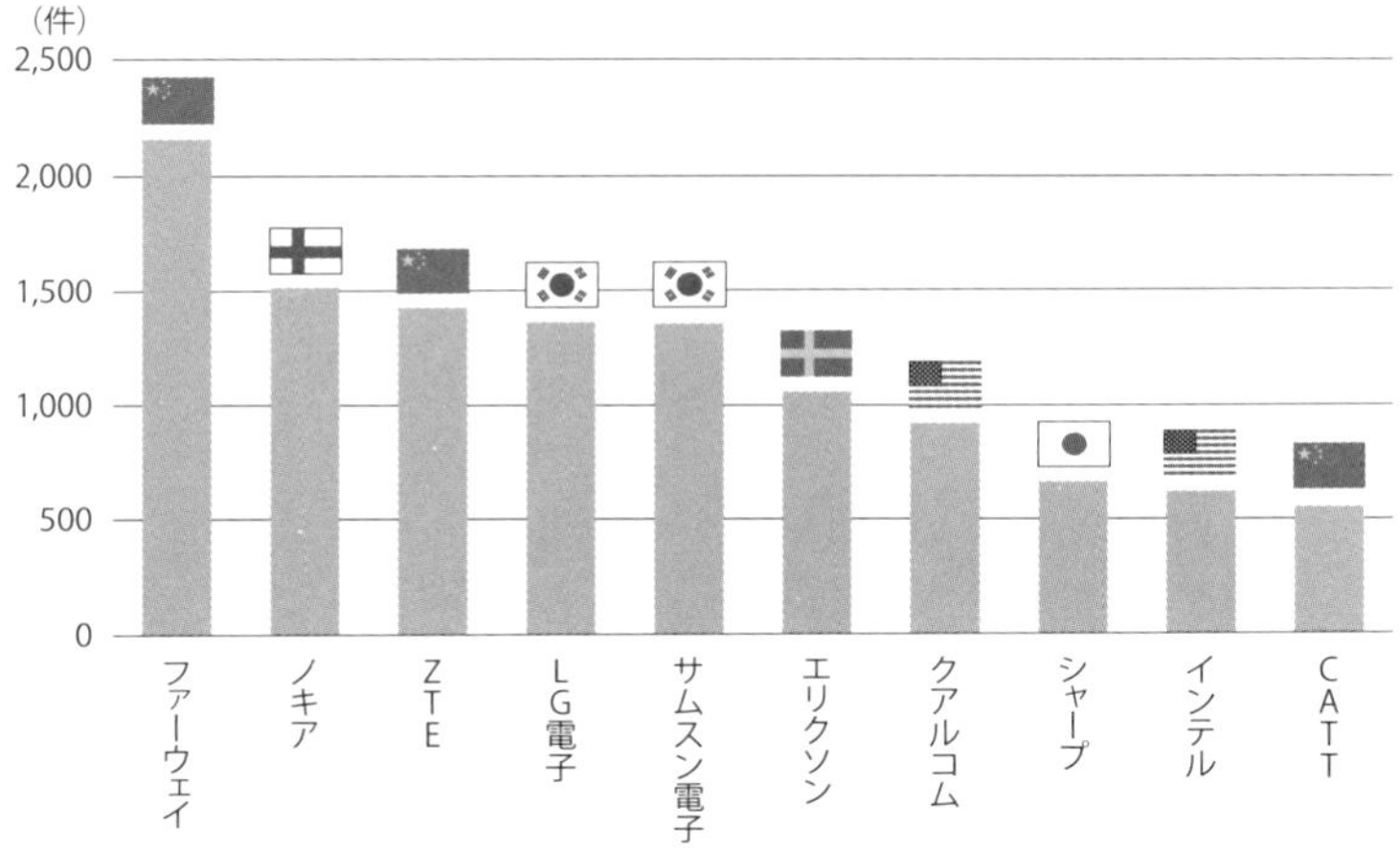

出所：Iplytics GmbH（http://www.iplytics.com/）のデータをもとに三菱UFJリサーチ&コンサルティングが作成

ら、ファーウェイの米国の安全保障上の脅威のポイントとは、実は、同社の5G技術にあるのではないかという憶測も広がっています。

通信技術は、軍事や安全保障上の重要な役割を担います。古くは、コンピュータ技術の基礎をつくった「チューリング・マシン」があり、第2次世界大戦中に、イギリス連合軍がドイツ軍の暗号を解読することを目指して開発・使用されたことが明らかになっています。また、第4次産業革命のエンジンともいえる通信技術やインターネットも、米国の軍事通信技術が民間活用されてスタートしたことは、みなさんご存じでしょう。

５Ｇのテクノロジーとは

今注目されるテクノロジーのひとつ、５Ｇとは何なのでしょうか。

５Ｇとは、５世代目の移動通信システム（5th Generation）のこと。２０１８年、米国と韓国で一部先行導入が始まったばかりで、２０２０年以降世界中で本格導入が進んでいくと予想されています。

５Ｇは今後ＡＩとともに、ビッグデータを収集して、すべての産業を進化させるため重要な機能を果たし、コンピューティングの世界と現実世界との通信を担うキー・テクノロジーとなると考えられています。

トップＩＴ企業が最もヒトやお金の資源を投入している分野に、自動運転があります。この自動運転の実用化には、５Ｇの通信技術がキー・テクノロジーのひとつになると考えられています。

近い将来、自動車が他の自動車と交信したり、自動車内のデータ通信を行ったり、自動車メーカーや交通システムを担うプラットフォーム企業のクラウドシステムと大量のデータを高速かつ迅速にやりとりすることに使われる通信システム、それが５Ｇなのです。

なお、自動運転は、公道を走るという安全上の観点を勘案して、実用化のスピードが検討されることが多いと聞きます。しかしこれを、公道での運転から切り離して、倉庫や工場での自動運転技術としてとらえるとどうでしょうか。これは、自動搬送システムとしてすでに実用化段階に入っています。倉庫や工場にローカル基地局をつくって5Gを活用することが、技術的には可能なのです。

さらに、クラウドコンピューティングなどで分析した内容を、工場などの製造現場のエッジと呼ばれる機械やロボットに反映していくスマート工場が、この5Gによって進展していくと予想されています。

また、世界のトップIT企業がクラウドコンピューティングを提供するためのデータセンターに、ローカル基地局をつくって、5Gでデータ通信を行う可能性も高まっています。

4 ドイツのインダストリー４・０と中国製造２０２５の関係

米国に匹敵するＧＤＰを持つＥＵとドイツの戦略

新たに生まれたＧ２といわれる米国と中国の緊張関係のはざまで、難しいかじ取りを余儀なくされているのが、ＥＵ、そしてそのリーダー、ドイツです。

図表１-５に示した、米国、中国、日本のＧＤＰに、ＥＵとドイツのＧＤＰを重ねてみましょう（図表１-９）。

実は、ＥＵ全体で見ると、名目ＧＤＰや世界全体に占めるシェアは、米国に匹敵する伸びを示しています。総人口５億人超、28カ国もの連合体であるＥＵは、日本から見ると距離感があることに加え、ＢＲＥＸＩＴ（イギリスのＥＵ離脱問題）に見られるように、欧州大陸諸国と距離を置くイギリス寄りの情報が報道されることが多く、実態を理解するのは簡単ではありません。

図表1-9　米国に匹敵するEUのGDP、日本に迫るドイツのGDP

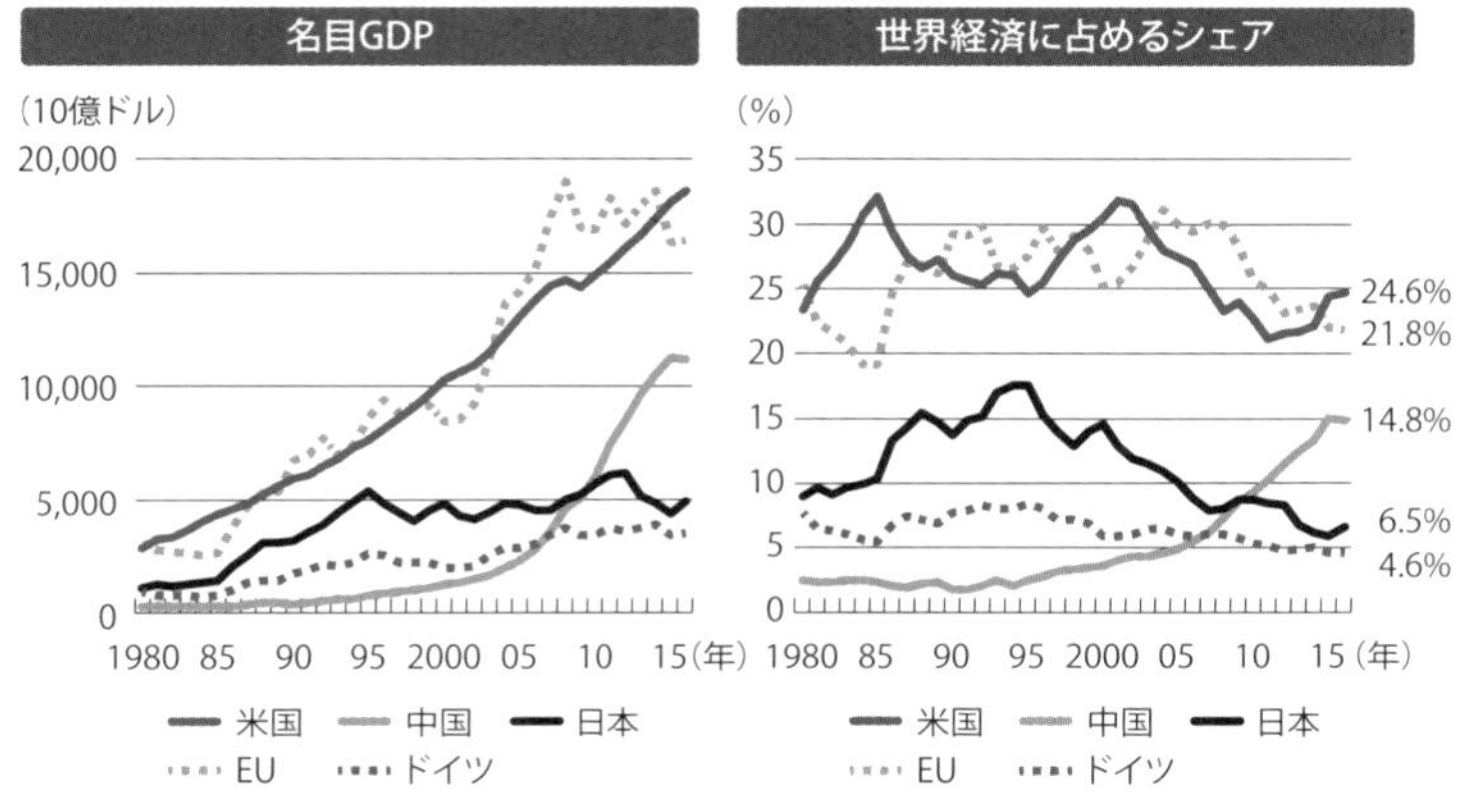

出所：国連総計をもとに三菱UFJリサーチ＆コンサルティングが作成

正直に言えば、このＥＵのＧＤＰの伸びは、ＥＵ加盟国の拡大という戦略の中で達成されてきた点も否定できません。しかしながら、域内のヒト・モノ・カネの移動を自由化したＥＵそのものの世界経済の中での存在感は、引き続き大きいものがあります。また、ＥＵのリーダーであるドイツのＧＤＰは、世界第4位となっていて、人口が１・５倍の日本のＧＤＰに迫っています。

ＥＵ、そしてそのリーダーであるドイツは、英国が脱退した後も、米中の間に立ち、経済的な発展の道を模索していくとみられています。

ドイツを手本にする中国

現在の米中貿易戦争が始まる数年前に、時

計を巻き戻してみましょう。

世界の製造業のリーダーとして、ドイツがインダストリー４・０プロジェクトを開始し、デジタル化を推進するテクノロジーを販売する重要パートナーとした国、それが中国でした。日本同様、製造業が最大の産業であるドイツは、**世界の工場**となった中国をドイツのデジタル製造業のノウハウを販売する最大の市場として位置づけ、パートナーとして国レベルでのビジネスマッチングを行う方針を立てました。

折しも中国では、高齢化による将来の労働者不足、経済成長に伴う賃金上昇と環境対策の必要性などから、２０１５年に「**中国製造２０２５**」計画を開始します。工場のデジタル化に舵をきった中国のお手本、それが、ドイツのインダストリー４・０政策だったと言えます。

中国は最新のデジタル工場のノウハウを、できるだけ迅速に学ぶ必要がありました。ビジネスマッチングという形でコストをかけても、ドイツのテクノロジーを直に吸収できるというメリットがあったのではないでしょうか（図表１-10）。

現実に、２０１６年、ドイツを代表する産業用ロボットメーカーＫＵＫＡ社を、中国の大手家電メーカーのミデアグループ（美的集団）が買収するなど、中国企業のドイツ先端企業への投資が活発化します。

図表1-10　ドイツのインダストリー4.0と中国製造2025の関係

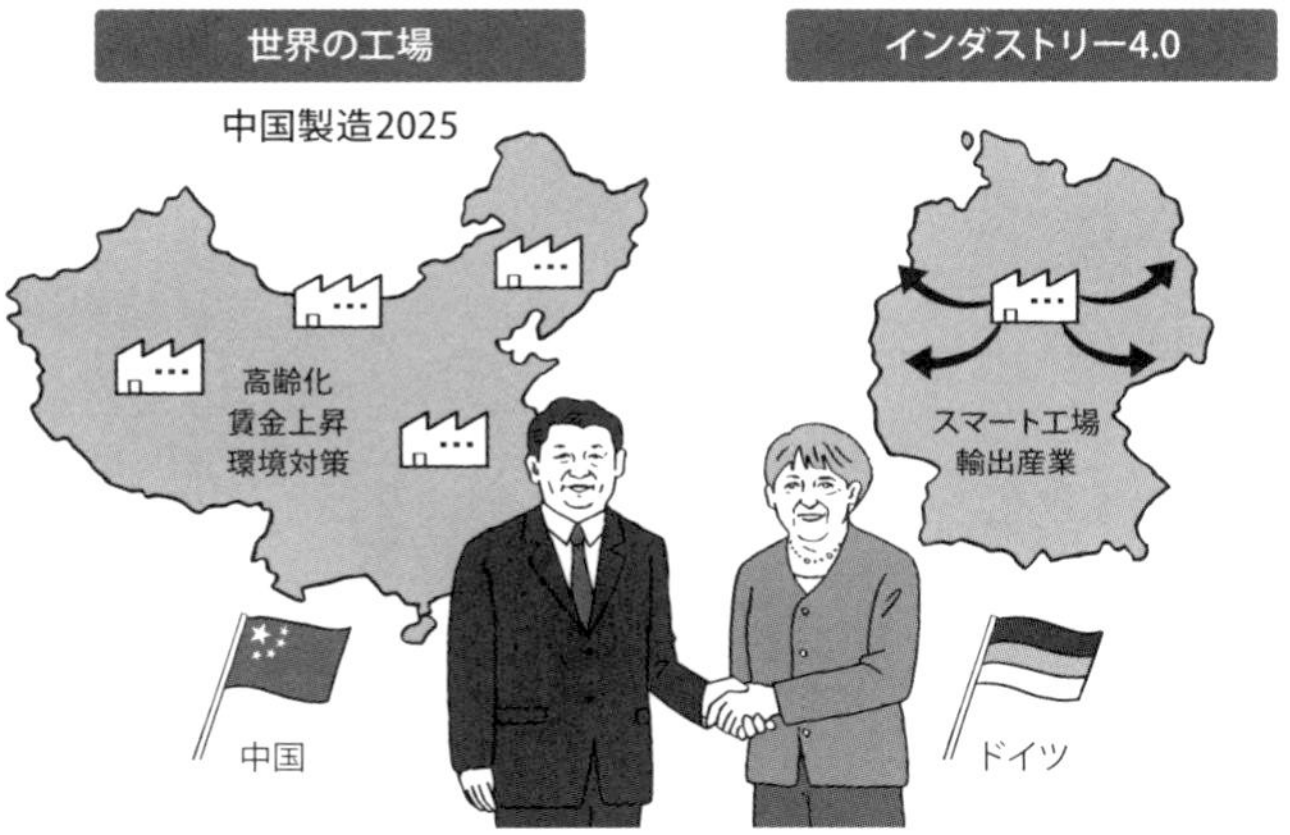

ドイツ産業用ロボットＫＵＫＡ社の中国資本による買収

製造業の世界で、デジタルとリアルの工場をつなぐ重要な役割を担うのが産業用ロボットです。

スマート工場やデジタル化する工場で産業用ロボットは、ソフトウエア・制御システムの指示を受けて実際に製造を行う、アクチュエーターの役割を果たします。また、産業用ロボットを経由して、製造現場のデータがデジタルサイドに送られることも少なくなく、リアル側のデータをデジタルに吸い上げる要ともいえます。

２０１６年、ＫＵＫＡ社が、中国のミデアグループに買収されるニュースが流れた際、ドイツは驚きの声に包まれました。

ミデアグループは中国の家電大手で、製造工場のデジタル化や、**IoT（インターネット・オブ・シングス）**家電の開発に積極的な会社です。

一方、ＫＵＫＡ社は、日本のファナックや安川電機と並ぶ世界四大ロボットメーカーの一社です。オレンジ色がトレードマークのＫＵＫＡ社の産業用ロボットを見たことがある人もいるかもしれません。

デジタル工場のノウハウが欲しい中国と、このノウハウやテクノロジーを売りたいドイツとのビジネスマッチング。これが、デジタル工場の最も中枢ともいえる産業用ロボットメーカーで、現実のものとなったのです。

「インダストリー４・０の重要な役割を果たす、ドイツを代表するロボットメーカーが外国資本に買収されて、大丈夫？」

「ドイツの国家プロジェクトでつくり上げるノウハウが、つつぬけになってしまう心配はないの？」

「自動車工場のデータが、ロボット経由で中国に流れてしまう可能性は？」

この買収に懸念を示す声が、ドイツ中の企業関係者や政治家から上がりました。

一方で、意外にもこれをやむを得ないとする声も上がり、ドイツ政府や産業界の意見は、真っ二つに分かれました。

「確かに、産業用ロボットはスマート工場の重要な一部。でも、インダストリー４・０の本当のノウハウは、ロボットというマシンそのものにあるのではなく、デジタルサイドのソフトウエアやＡＩにこそある。そのデジタルサイドのノウハウは、今回の買収では中国に売られていない」

という意見です。

ロボットは、デジタル側のソフトウエアの指示を受けて動く、精巧なマシン。例えるなら、最高級のあやつり人形であって、これを動かす頭脳にあたる部分であるデジタル・ソフトウエア技術は売られていないという考え方です。

当時、ドイツ政府はこの買収を認め、中国のミデアグループによるＫＵＫＡ社の買収は実現しました。この買収はあくまで、自由貿易、投資のルールに基づくもので、ドイツ政府はこれを干渉しないとの判断を下しました。

その一方で、ＫＵＫＡ社が中国企業に買収された後は、日本の産業用ロボットメーカーに対して、欧州企業からの引き合いが増えたり、ドイツのインダストリー４・０にかかわる企業や研究機関から、共同プロジェクトの相談が増えたとも聞きます。案外、これは、ドイツ側の本音なのかもしれません。

また、米中貿易摩擦が勃発し、中国製造２０２５プロジェクトの取りやめが貿易交渉でトピックスにされている現在であれば、ドイツも中国に対してより慎重な対応をとっていたでしょう。ドイツ、ＥＵも日本同様、米国の貿易摩擦の対象となっているからです。

5　サービス化する製造業とＣＡＳＥ・ＭａａＳ戦略

サービス産業と融合する製造業

先に、トップＩＴ企業は、ＡＩやビッグデータ分析など、デジタルの力を駆使してオールドエコノミー企業の利益を奪いにきているとご説明しました。

「それでは、トップＩＴ企業はどうやって新しいビジネスモデルをつくるのだろう？」

そんな疑問がわいてきます。

それは、ひと言でいうなら、**モノを販売した後のサービスで価値を生み出して、利益を上げていく**というものです。

図表１‐11を見てください。

横軸は、部品や素材をつくり、それを使ってメーカーが製品を製造・販売するというこれまでのバリューチェーンに、販売後、サービスを提供し、その対価を得ていくというアフターサ

図表1-11　バリューチェーンのスマイルカーブ化

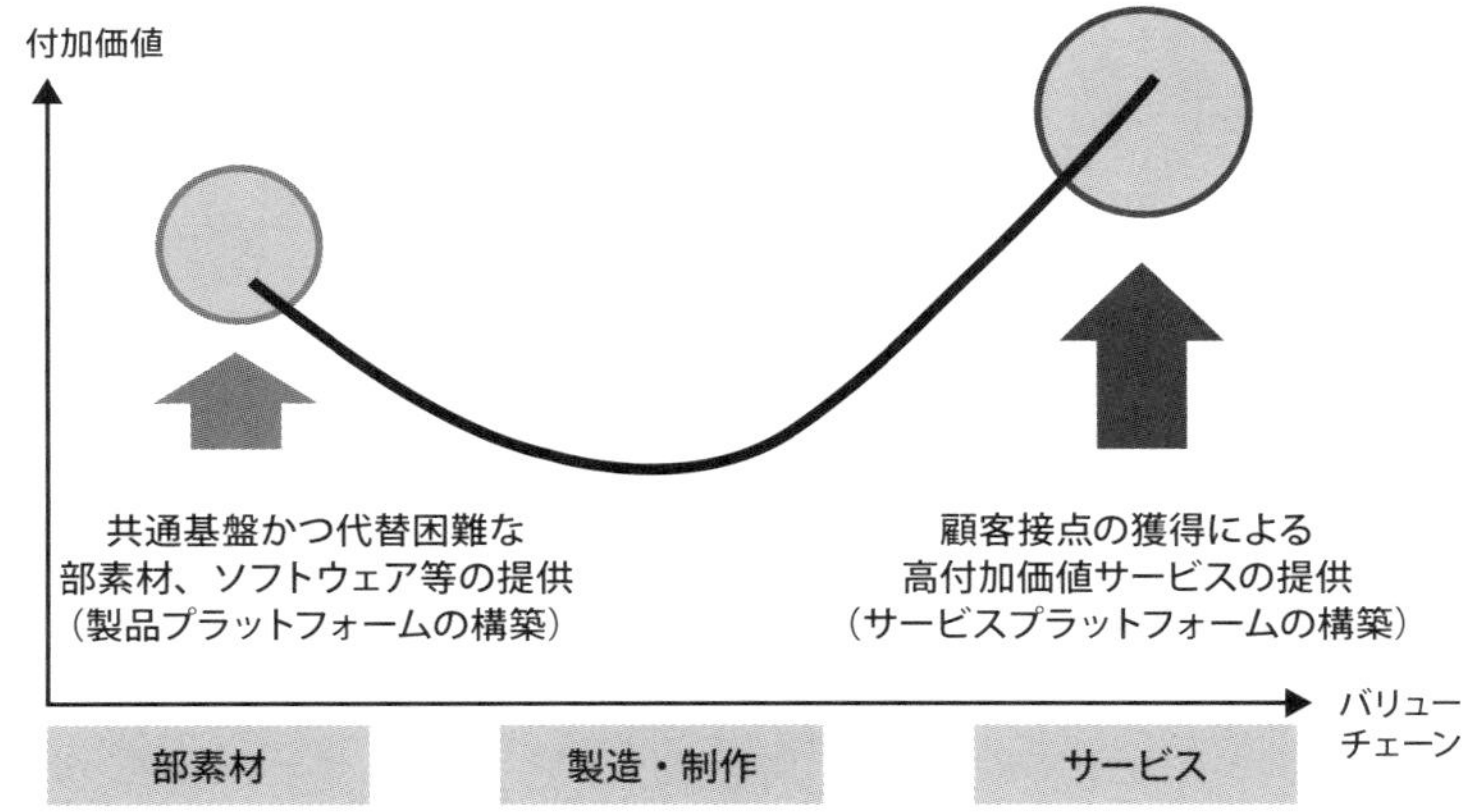

出所：経済産業省産業構造審議会「新産業構造ビジョン」製造・生産現場における高度化・効率化の方向性、平成29年5月30日

ービスの部分を付け加えたものです。縦軸は、その活動から得られる付加価値、つまり最終的にはユーザー、消費者から得られる価値の対価＝利益のレベルを表しています。

では、そこに描かれたグラフが意味するものは何でしょうか。

従来、利益を得ていた製品の製造部門が、製品のコモディティ化によって、生み出される付加価値が少なくなってしまう、利益のレベルが下がってしまう。それに対して、新しいサービスの部分は、デジタルの力を使って付加価値が高まっていく。サービスを提供する企業の利益がどんどん増えていくという考え方を表しています。

また、もし競争力の高い部品や素材をつくって、製造業者に売ることができれば、その付加価値はより高いものとなり、利益が上がるということも示しています。

つまり、第4次産業革命では、製造というプロセスだけで利益を上げるのが難しくなり、競争力のある部品やサービスの提供によって、付加価値や利益を上げられるようになるということを意味しています。

このようにして生み出される付加価値＝利益の変化を表す曲線が、ニッコリ笑った口の形に見えるところから、「**バリューチェーンのスマイルカーブ**」と呼ばれています。このスマイルカーブは、ニコニコマークの口の部分に見えるのですが、今の10〜20代のデジタル・ネイティブ世代の方には、アマゾンのロゴのスマイルマークといったほうがイメージしやすいかもしれません。

自動車産業でいうと、最初に紹介したトヨタ自動車の豊田社長のメッセージや、『フィナンシャル・タイムズ』の記事に見られるように、これまでのトップ自動車メーカーといえども、トップＩＴ企業が仕掛けるビジネスモデルの変化の流れに逆らうことはなかなか難しいというのが、現状ではないでしょうか。

車の部品を集めて、複雑な製造を管理する従来のビジネスモデルから脱却し、自動運転やシェアリングカーといった新しいサービスの付加価値にも対応したモビリティサービスを提供する中心メンバーであり続けること。それが問われている時代なのです。

スマイルカーブに対応するため、ドイツの自動車メーカーは、インダストリー4・0プロジエクトをさらに発展させ、デジタル化が進むサービス分野にまで、守備範囲を急拡大する動きを活発化させせています。

ドイツ経済を支えてきた自動車産業の今

自動車産業は、ドイツ最大の産業です。日本でいうと、自動車産業が盛んな愛知県が、ひとつの国になったとイメージしていただければよいでしょう。自動車産業に支えられて、ドイツは世界第4位のＧＤＰを達成し、ＥＵのリーダーになりました。

２０１８年の世界自動車販売台数を見ると、ドイツのフォルクスワーゲン（ＶＷ）は、１０７４万台で、ルノー・日産・三菱アライアンス１０６０万台、トヨタ自動車１０３８万台を抑えて、世界トップです。純利益水準でも、世界トップのトヨタ自動車の2兆5千億円に次ぐのは、フォルクスワーゲン（ＶＷ）の１兆5千億円、ダイムラーの１兆３千億円、ＢＭＷの１兆１千億円と、世界の2～4位をドイツメーカーが占めています。

アウトバーンと呼ばれるドイツの高速道路は、制限速度がないことで世界的に知られています。正確には、安全性が確保されている区間で認められているのですが、日本の新幹線にも匹敵する時速２００キロを超えるスピードで、ドイツ製のポルシェやＢＭＷが高速道路を疾走する姿は、まさにドイツの自動車産業の象徴です。

「移動時間をお金で買う」ということを意味します。米国では、ビジネスジェットかもしれません。

しかしドイツでは、高い走行性能を持った車を買い、高速道路を使って、自宅やオフィスから目的地までドアツードアで移動することを指します。無料の高速道路がドイツ中に張り巡らされているので、車での移動が効率的なのです。

今、そのドイツの自動車産業界で、合言葉が生まれています。それは、「**自動車の歴史１３０年で起こった変化に匹敵する変化が、これからわずか20年で起こる**」というものです。この言葉を旗印に、現在、ドイツ企業がものすごいスピードで変化を始めています。

ドイツにとって、米国や中国のトップＩＴ企業がビジネスモデルを変化させ、自動車やモビリティの主導権や利益を奪ってしまうシナリオは、どうしても避けなければならないのです。

「ＣＡＳＥで世界をリードせよ」
ダイムラーのプライド

世界で初めてガソリンエンジンの自動車を発明したダイムラー社は、ドイツの自動車メーカー中、トップの時価総額と利益を誇る業界のリーダーです。

２０１６年、ディーター・ツェッチェ会長（当時）は、自動車業界が直面している最大の課題である車の大革新を象徴するキーワードとして、「ＣＡＳＥ（ケース）」を打ち出します。これは、

C　つながる自動車　(Connected)
A　自動運転　(Autonomous Drive)
S　シェアリング　(Shared & Service)
E　電気自動車　(EV：Electric Vehicle)

という４つのキーワードの頭文字をとった、自動車の変革の方向性を示したものです。

この４つの領域は、デジタルテクノロジーでそれぞれが密接につながっています。ダイムラー社は、この４つを同時に進展させていくというのです。

実際、同社は、自動車メーカーからモビリティ企業へと脱皮すべく、次々に具体的なアクションをとり始めます。

自動運転では、２０１５年の自動運転車「プロトタイプ車」を発表。自動運転のスマートトラックも着々と準備を進め、米国のネバダ州で縦列走行実験の実績を積みながら、２０２５年

までの実用化を目指しています。スマートトラックは、実用化のタイミングで物流ビジネスに大きなインパクトをもたらすと予想されています。

ＥＶの分野では、２０１６年に新ブランド「ＥＱ」を立ち上げ、２０２２年までに10車種以上のＥＶを市場投入する計画を発表しています。

シェアリングに関しては、乗り捨て可能なカーシェア会社「ＣＡＲ２ＧＯ」を設立して、世界８カ国、24都市で展開。現在の会員は３００万人を突破しています。さらに、配車アプリの会社も立ち上げ、２０１８年にＢＭＷとモビリティサービス事業の統合まで発表しています。

世界初の車をつくったダイムラー社は、21世紀のデジタル時代のモビリティを再発明するために、猛スピードで動き始めています。

自動運転は、21世紀の「ムーンショット」

ムーンショットという言葉があります。

かつて米国は、アポロ計画で有人の宇宙船を月に送り込み、人類初の月面到達に成功しました。この偉業は、米国が国力を上げて達成したものであったという部分に注目が集まりました。「米国とロシア（当時のソビエト連邦）との冷戦で起こった、国家の覇権争い」という捉え方です。事実、このアポロ計画には莫大なプロジェクト資金が投入され、当時、ＩＢＭはコンピユータでこのプロジェクトを支えました。

一方で、この研究開発の過程では、今さまざまな産業分野に活用されている新しい技術も生まれています。

アポロ計画を始めるにあたって、米国のジョン・Ｆ・ケネディ大統領は、「わが国は目標の達成に全力を上げる。１９６０年代に、月面に人類を着陸させて、無事地球に帰還させるという目標である」と述べて、世界の夢を膨らませました。そして、１９６９年、この計画は実現されます。このことから「**ムーンショット**（月へのロケット打ち上げ）」という言葉は、「**壮大な課題、挑戦**」を実現させること、そして、その実現が、科学技術や産業に大きなインパクトをもたらすことを指すようになりました。

そして、21世紀のムーンショットと言われるのが自動運転です。

今、自動運転の実用化に向け、世界の人材、資金が自動車産業に投入されています。まさに月を目指してロケットの開発競争をしているアポロ計画に匹敵する状況なのです。

こうした中でドイツは、自動運転を含むＣＡＳＥの分野で、トップＩＴ企業にイニシアティブを渡さず、インダストリー４・０プロジェクトや第４次産業革命のリーダーシップをとっていこうとしています。

台頭するＭａａＳ

第４次産業革命が影響を与えるのは、自動車だけではなく、鉄道などを含めたモビリティ全体に及んでいます。この変化は、**ＭａａＳ（マース）**と呼ばれ、今注目を集めています。

ＭａａＳとは、**モビリティ・アズ・ア・サービス（Mobility as a Service）**の略で、移動革命とも言われます。スマホやデジタルの力を使って、車や鉄道、バスなどの多様な乗り物を連携させ、目的地までスムーズにたどり着けるようにするサービスを指します。

「鉄道やバスなどを使ったスムーズな移動だったら、日本でも鉄道会社のＩＣカードがあるのでは？」

そういう疑問の声が上がるかもしれません。

確かに、東京の例でいうと、ＪＲ東日本が発行するＩＣカード「スイカ（Suica）」は、ＪＲの電車の他に、私鉄やバス、モノレールなど、他の交通機関でも使えます。事前にお金をチャージしておけば、チケットを買う必要もありません。

名古屋や大阪など、全国で利用できるため、出張で来日した海外のビジネスパーソンや観光客にも大好評。**ＲＦＩＤ（radio frequency identifier）**という技術によって非接触タッチで稼働するこのシステムに「ファンタスティック！」と声をそろえて驚きます。

しかし、交通インフラ「モビリティ」には、それぞれの国や経済圏の交通インフラの特徴、事情が密接に関係しています。

例えば、本格的にこのＭａａＳが稼働し始めたとされる北欧フィンランドのヘルシンキでは、通勤に自家用車を使うケースも多く、これによって引き起こされるダウンタウンでの渋滞解消の解決策として、電車、タクシー、バスなどの交通手段の選択や支払いを、ひとつのアプリで行えるサービスにより、交通手段が大きく変わっています。

ドイツでも、ＪＲに相当するドイツ鉄道のチケットの購入は意外と複雑で、バスや配車サービスとの互換性もありませんでした。そこでダイムラー社は、「ムーベル」というブランドでＭａａＳに参入し、複数の交通手段の予約、発券、決済までを一括で行えるサービスを開始しています。

このように国や地域によってＭａａＳの状況は異なります。そこでひとつの指標となるのが、スウェーデンのチャルマース工科大学が発表した、ＭａａＳのレベル分類です。統合の程度に応じて、レベルが１～４の４段階に分類されます。

レベル１：情報の統合（スマホの交通系アプリの乗り換え情報がこのレベル）
レベル２：予約、決済の統合（ダイムラーのムーベルがこのレベル）
レベル３：サービス提供の統合（フィンランドのサービスがこのレベル）
レベル４：政策の統合

写真1-A　トヨタ自動車が提案した自動運転車の移動店舗

提供：トヨタ自動車株式会社

ちなみに、日本のＭａａＳの状況は、全体的にみて、レベル１（情報の統合）にとどまっています。

今後、自動運転はロボットタクシーという形で、商用化が進む可能性が高いと予想されます。これに「相乗りタクシー」の自動運転版、シェアリングを掛け合わせた移動手段のサービス化がさらに進むシナリオは十分ありえます。

日本では、トヨタ自動車が提案した自動運転車の移動店舗としての活用は、このＭａａＳの関連ビジネスを小売りや飲食業などのサービス産業に拡大していく可能性を秘めています（写真１-Ａ）。また、２０１８年にトヨタ自動車とソフトバンクが設立した「モネ・テクノロジー」は、日本発のＭａａＳのプラットフォームをつくる目標を掲げています。

この移動革命の中、他の鉄道などと統合してユーザーとの接点、決済を一手に引き受けるプラットフォームを誰が構築し、掌握していくのか、世界中で、そのせめぎ合いが始まっています。

第 2 章

第 4 次産業革命を実現するテクノロジー&コンセプト

1 加速するコンピューティングパワーと小型化

ワープ・スピードの計算処理能力

これまでの産業の象徴だった、自動車や航空機メーカーをも突き動かす第4次産業革命。いったい何が起こっているのでしょうか？

それを理解するためには、まず、最新のコンピューティングパワーの想像を絶する進化を知る必要があります。

まずは、コンピュータの計算処理能力が、どれほどスピードアップしているのかを見てみましょう。日本の産総研（産業技術総合研究所）情報・人間工学領域長の関口智嗣《さとし》理事にお願いして、過去40年間のスーパーコンピュータの計算速度の推移を調べてもらいました（図表2-1）。

この図表の「N＝1」のグラフは、各年、世界で最も計算が速いと認定されたスーパーコン

図表2-1　コンピュータの計算速度の推移

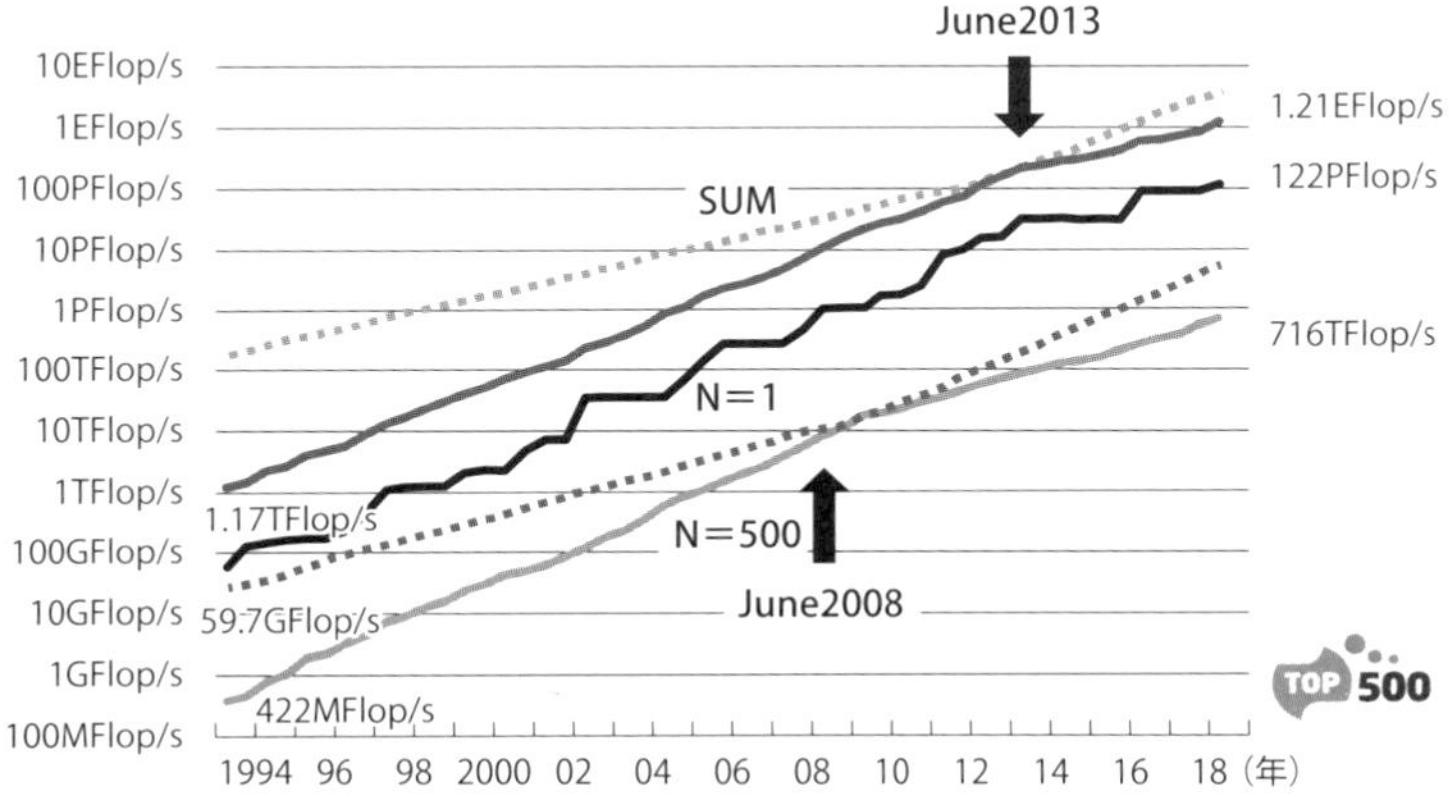

出所：http://top500.org/より産業技術総合研究所 関口智嗣理事補記資料

ピュータが、１秒間に何回、小数点以下の数字を入れた計算処理を行うことができるかを表したものです。縦軸は、10倍ごとの指数を表しています。コンピュータの計算能力は現在も、ものすごいスピードで伸び続けていることがわかります。

ちなみに、２０１８年に世界トップと認定されたスーパーコンピュータの計算速度は、１秒間に12京２３００兆回という途方もない計算をこなせる能力に達しています。これに対して、40年前の世界トップのスーパーコンピュータの計算速度は、毎秒１億６０００万回でした。

２つを比較してみると、過去40年の間にコンピュータの処理能力は、７・64億倍にまで、速くなっていることがわかります。これは、例えば、40年前のスーパーコンピュータの計

図表2‒2　40年で実現されたスーパーコンピュータの高速化

2018年のスパコンの計算速度　毎秒12京2300兆回

↓

$$\frac{122.3\text{PFlop／s}}{160\text{MFlop／s}} = 7.64\text{億倍}$$

↑

40年前のスパコンの計算速度　毎秒1億6000万回＝160,000,000

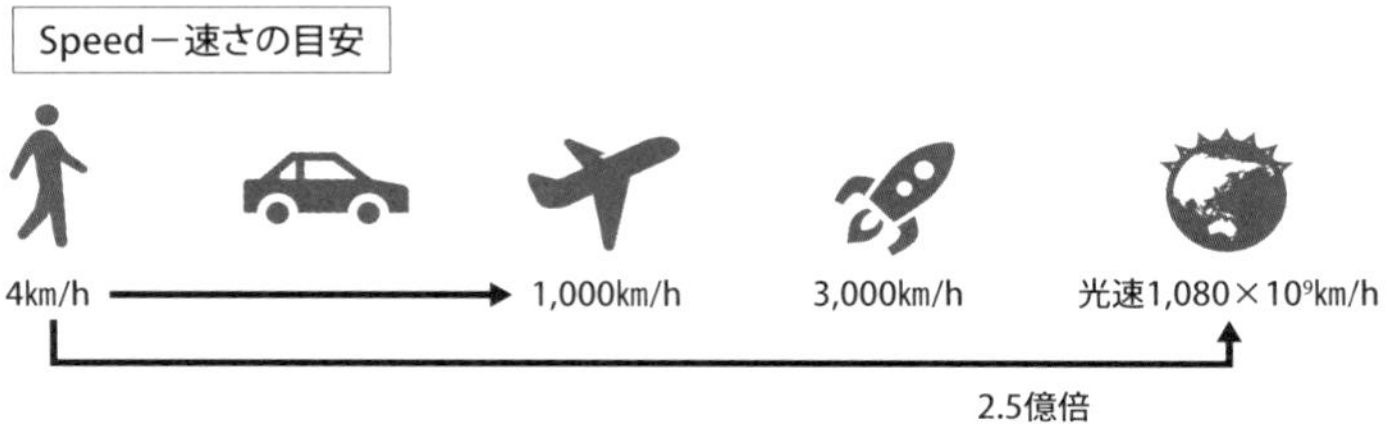

※PFlop／sとは、毎秒の計算回数を10の15乗のP（ペタ）で表示したもの
米国オークリッジ国立研究所のスパコン実績
MFlop／sとは、毎秒の計算回数を10の6乗のM（メガ）で表示したもの
Crayのスパコン実績
出所：産業技術総合研究所 関口智嗣理事作成

算速度を人の歩くスピードである時速4キロとすると、その7・64億倍は、30・56億キロ。光速が10・08億キロなので、人の歩くスピードが光の速さの3倍を超える水準に達していることになります（図表2‐2）。

SF映画などで、宇宙船が光のスピードを超える移動を行う「ワープ」という表現があります。映画『スター・ウォーズ』や『スター・トレック』などで、「ここが盛り上がりどころ」というお約束のシーンで、主人公たちがワープするシーンは、みなさんも記憶にあるのではないでしょうか。

40年前に、人のスピードで、歩き回っていたコンピュータが、今やワープ・スピード、光の3倍の速さで瞬時に飛び回っている。コンピュータがこんな演算処理能力を備えた時代を、私たちは生きているのです。あなたがもし、日常生活の中で、「自分たちのまわりの変化のスピードが、ますます速くなっている気がする」と漠然と感じているなら、このようなコンピュータの進化が背景にあるのだと考えられます。

さらに速くなる計算スピード

驚いたことに、スーパーコンピュータの演算スピードの伸びは止まっていません。さらにどんどん速くなっています。

２０１８年10月、世界中のトップ半導体メーカーや製造機器メーカー関係者が米国モントレーに集結。日本からも三菱電機、ギガフォトン、ＤＮＰ（大日本印刷）、東京エレクトロン、ニコンなど大手企業が参加しました。

この会議では、２０３３年までの、インテルや世界最大の半導体ファウンドリーである台湾のＴＳＭＣのマイルストーン（受注計画）に対応して、半導体チップ性能や、製造計画が技術的に実現可能か検討されました。その結果、**「ムーアの法則」**に基づいた半導体業界の製造計画は実現可能であるとして、メーカー、製造機器メーカーがそれぞれの立場で、保証・コミットしたのです。これは、最先端の半導体製造技術によって、現在最小では7ナノメートル（7

×１ミリの１００万分の１）と称されるルールで製造される半導体が、さらに微細化されていくことを意味します。

ムーアの法則とは、何でしょうか？

コンピュータの性能は、回路上のトランジスタ（半導体でできた電気の流れをコントロールする部品）の数で示されます。１９６５年に米国・インテルの創業者のひとりであるゴードン・ムーア氏は、集積回路上のトランジスタ数は「１・５年ごとに倍になる」と予想しました。集積回路をハンカチに例えると、１・５年後に2つに折って、トランジスタの数は2倍になります。さらにたたんで、３年後には4倍に、４・５年後には16倍と、指数関数的に増えていくのです。この法則でいくと、ひとつの回路上につくり出せるトランジスタ・チップの数は、n年後にP倍になるとすると、$P=2^{n/1.5}$となります。これがムーアの法則です。

ムーアの法則は50年超、ほぼ予想通りに実現されてきました。そして２０１８年、ムーアの法則に基づいて２０３３年までの半導体の製造計画が立てられたということは、今後さらにコンピュータの性能の進化が見込まれることを意味します。

スーパーコンピュータの計算速度を上げるテクノロジーについては、半導体メーカーが、半導体を立体構造の３次元に積み上げたりする工夫をして、なんとか支えてきました。しかし、

写真2-A　IBMが開発した超小型コンピュータ

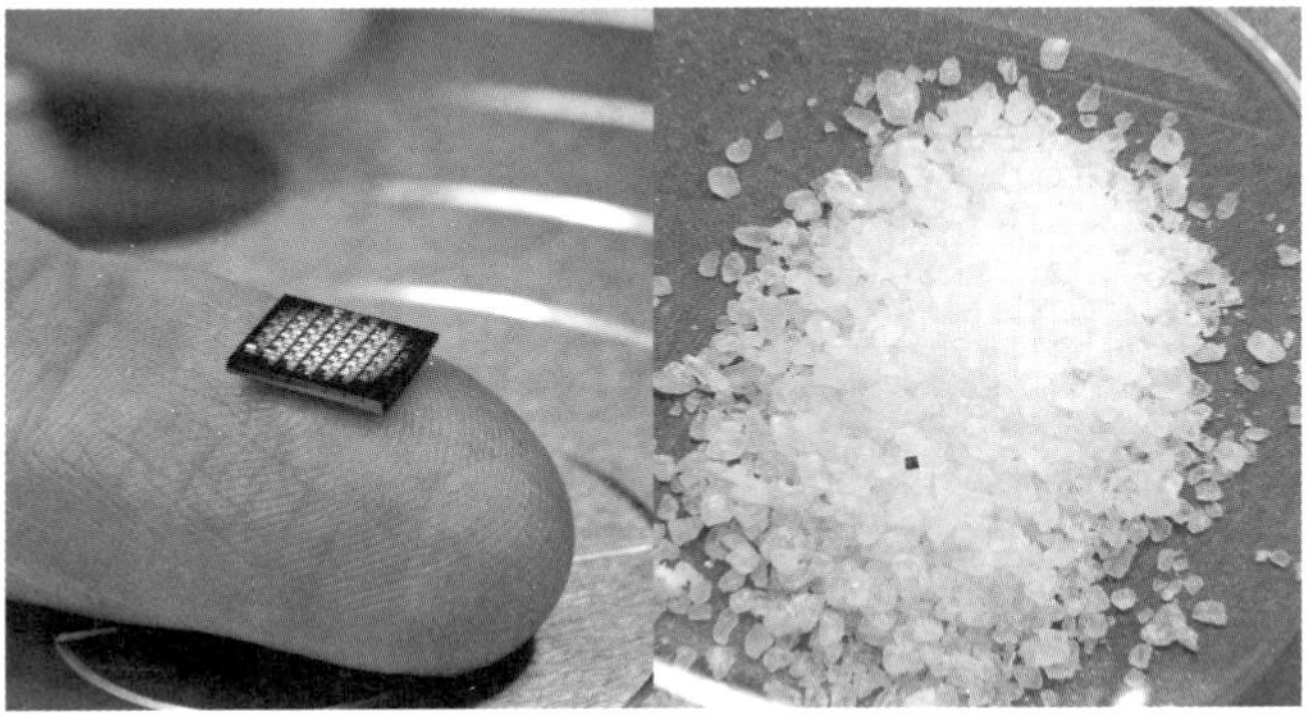

提供：日本IBM

ムーアの法則が継続するということは、今後、3次元構造などの高度な半導体製造装置を必要としない安い半導体をつくるビジネスモデルが誕生し、例えば、中国や韓国などにもメリットが大きい時代となるかもしれません。

小型化するコンピュータ「スマートダスト」の世界

2-Aの写真を見てください。これは、IBMが実際に開発に成功した超小型コンピュータです。右の塩つぶの中に見えている黒い点が、コンピュータです。

これからコンピュータやセンサーは、指数関数的なスピードで小さくなっていきます。これがスマートダスト（考えるホコリ）と呼ばれる超小型コンピュータの世界です。

ＩｏＴ（インターネット・オブ・シングス）の分野では、現在でもセンサーが小さくなったと言われますが、これからはさらに目に見えないレベルになって、私たちのまわりに張り巡らされるようになります。そして、このセンサーが読みとったデータを、同じく目に見えるかどうかという大きさのコンピュータが読みとり、分析することができる時代が来るのです。

なお、変化が見られるのは計算速度や大きさだけではありません。半導体やコンピュータが驚くほど安くなって、価格破壊が起こると考えられます。

「コンピュータの進化と言われても実感がないし、専門家の世界のことでは？　自分のビジネスには関係ない」と感じる方も多いかもしれません。しかし、コンピューティングパワーの拡大によって、今後ＡＩなどの計算コストが下がれば、それはビジネスモデルを大きく変えていきます。自動運転など、実現目前のテクノロジーのコストという壁を一気に突き破り、実用化を後押ししていくはずです。

2

クラウドコンピューティング

クラウド化する世界

第4次産業革命がもたらすデジタルテクノロジーの進化によって、さまざまな産業のビジネスモデルが大きく変化しています。デジタルテクノロジーの進化は、先に述べた計算処理速度の高速化など、コンピュータのパワーが大きく向上したことだけではありません。もうひとつ、画期的な大変化が起こっています。

それが**クラウドコンピューティング**の登場です。

40年ほど前は、会社がコンピュータ、サーバーを購入する時代でした。当時、コンピュータの力を使うためには、会社が自前のコンピュータを購入し、自分たちで動かすしかありませんでした。

言い換えれば、性能の高いコンピュータを買ってくることができるお金、大きな資本を持っている会社だけが、大きなコンピューティングパワーを使うことができたのです。投資を行う余裕のない中小企業や個人は、最先端のコンピューティングパワーにアクセスできませんでした。

このような状況を打ち破ったのが、クラウドコンピューティングです。

クラウドとは、英語の「雲（Cloud）」からきた言葉で、ＩＴ企業が持っているコンピュータを指しています。

コンピュータを使う会社や個人が、ＩＴ企業が持っているコンピュータをインターネット経由で使えるようにしたサービスがクラウドコンピューティングで、日本でも利用する企業や個人が急速に増えつつあります。

会社や個人が大きなコンピュータを買う必要がなくなり、さまざまなアプリケーションの利用やデータの保存などの機能を、必要なときにオンデマンドで使えるようになりました。それもＩＴ企業のトップクラスのコンピューティングパワーを使えるのです。

つまり、**「所有するためのお金＝トップ・コンピューティングパワーを活用できる」**世界から、**「クラウドを利用する＝トップ・コンピューティングパワーを活用できる」**世界にシフトしたと考えられます。

料金は、クラウドを使った分だけ支払えばいいので、先に自分に必要な容量を予測して、容量が大きめのコンピュータ、サーバーを買ってくる手間や無駄もなくなります。

今や、私たちもスマートフォン（スマホ）という手のひらサイズのコンピュータや、タブレットＰＣを使い、インターネットや４Ｇなどの通信システム経由でクラウドコンピューティングを簡単に活用できるようになりました。世界中で、クラウドコンピューティングの活用が拡大しています。

クラウドコンピューティングを使えば、誰もが、急速に拡大するコンピューティングパワーを自由に活用できる時代に入ったのです。

大きく変化するコンピュータ産業

世界中で、クラウドコンピューティングの利用が増える中、コンピュータ産業の構造はどんどん変わっています。コンピュータを売る時代から、コンピュータをインターネット経由で貸し出す時代にシフトしているのです。

簡単に言うと、世界中のコンピュータサーバーが、どんどんクラウドと呼ばれるトップＩＴ企業のデータセンターに置き換わっているのです。これらのクラウドサービスを提供するトップＩＴ企業は、デジタル・プラットフォーマーと呼ばれ、世界中のコンピュータサーバーが集中し、莫大なコンピューティングパワーを使える立場になりつつあります（図表２-３）。

これは、**世界中で大きな富のシフトが行われている**ことを表しています。これまで、世界中

図表2–3　デジタル・プラットフォーマーにコンピュータがシフト

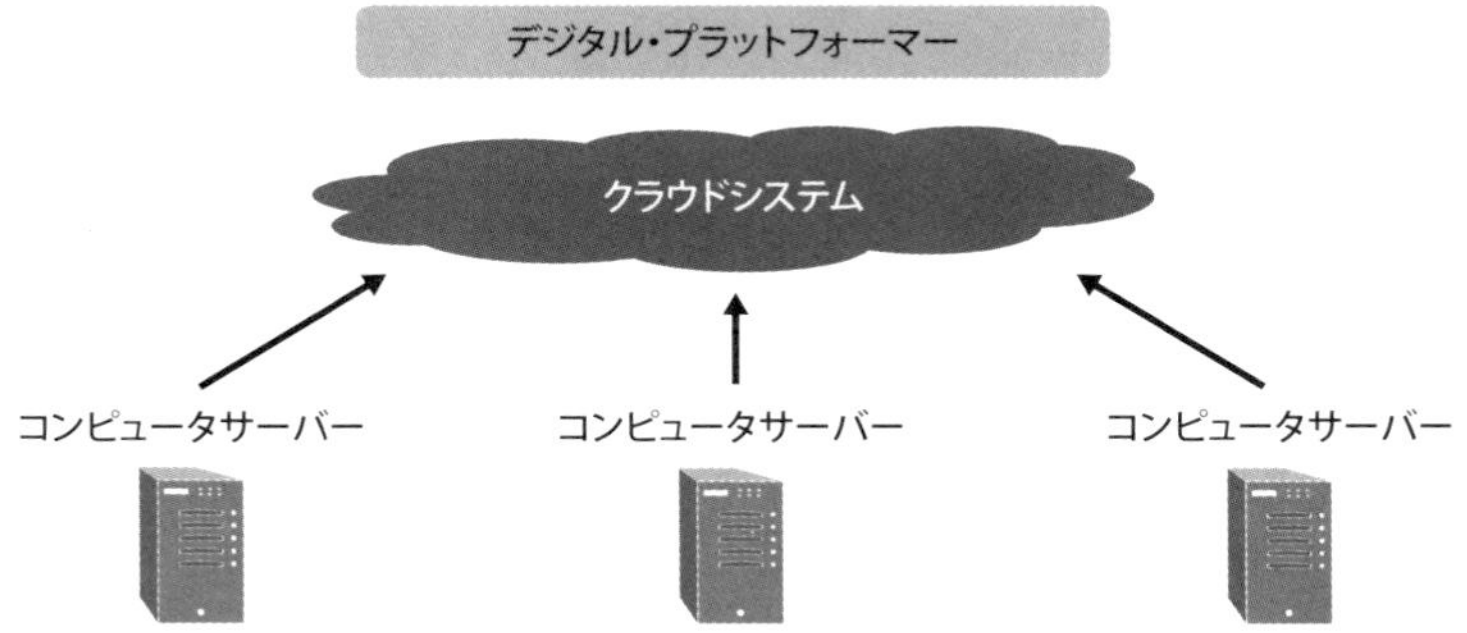

のコンピュータのサーバーを生産していたメーカーは、クラウドサービスが増えるにしたがって、サーバーの販売高を減らしていくと予想されています。

一方で、クラウドコンピューティングを持つＩＴ企業は、ユーザーが支払うサービス料で、収入をどんどん増やしています。

クラウドサービスでは、たくさんのユーザーが集まれば集まるほど、魅力的なアプリケーションを提供する**「エコシステム」**と呼ばれるＩＴサービス企業が集まってきます。このように、アプリケーションサービスを提供する企業が広く参加できる状態を、オープンプラットフォームといいます。

魅力的なプラットフォームには、ますますたくさんのユーザーやサービスの提供者が集まるという特徴があります。質の高いサービスが新しいユーザーを呼び、新しいデータを生み出します。そして、新しいデータがアルゴリズムやサービスをよりよく改善していきます。これを**ネットワーク効果**と呼びます。

さらに、クラウドサービスの発展は、デジタルテクノロジーの発展にもつながります。もともと、余ったコンピュータを貸し出すことから始まったクラウドサービスですが、利用者が増えれば、ますます多くのコンピュータサーバーが必要になります。実際に、このコンピュータサーバーを集約したデータセンターの拡張が世界中で行われています。ＩＴ企業としては、データセンターの拡大で、逆にこのコンピューティングパワーを、本来のＩＴ業務にも活用できるはずです。結果、今後デジタル・プラットフォーマーのデジタルテクノロジーのレベルは、ＡＩの開発など、さらに磨かれていくのではないでしょうか。

そして、クラウドサービスの規模が拡大すると、ますますプラットフォーマーのコストが安くなり、さらに利用する人が増え、さらによりよいアプリケーションやサービスが生まれる。そんなよい循環が回り始めています。

コンピュータのユーザーにチャンス到来

これまで述べてきたように、コンピュータ業界では、コンピュータが発明されて以来の大変な環境変化が起こり、新しい競争が生まれています。

しかし、その状況をユーザーの立場から見ると、まったく意味が変わってきます。ユーザーにとっては、千載一遇のチャンス到来なのです。

第４次産業革命によって、最速のコンピュータを使いたいときに使いたいだけ使える、そしてコンピュータを買う必要がない時代になりました。これは、ＡＩの活用など、あらゆる分野に大きなインパクトを与えています。そして、物心ついたときからスマホがあって、当たり前のように使いこなすデジタル世代にとっては、クラウドコンピューティングは、ごく普通のテクノロジーになりつつあります。

一方で、「クラウドコンピューティングって、セキュリティは大丈夫？　危なくないの？」と、不安な方もいるかもしれません。しかし実は、自力で、例えば自分の会社のコンピュータのセキュリティを確保することのほうがリスクは高いのです。

トップＩＴ企業には、最先端の技術とノウハウがあります。高いセキュリティが確保されたクラウドコンピューティングサービスを、トップＩＴ企業のプロと相談しながら自分の会社に一番合ったレベルで活用する、そんな時代に今後ますますシフトしていくのではないでしょうか。

20世紀の大型発電所と21世紀のデジタル・プラットフォーマー

少し話題が変わりますが、これからのクラウドを考える参考に、電気の利用が始まった第2次産業革命の時代のエピソードを紹介します。

20世紀初頭の第2次産業革命の黎明期、米国の工場では、当時最先端のテクノロジーである、電気を使った生産が始まっていました。

それぞれの工場で、大型の発電機を設置して、工場に電気を送っていたのですが、工場ごとに発電機を設置して、それぞれが制御やメンテナンスを行い、電気を受け取る方法は非常に効率が悪かったといいます。

そこで、超大型の発電所で大量の電気を生み出して、それぞれの工場が必要なとき、必要な量だけを送るという方法が生まれます。この効率的な方法を考え出したのが、20世紀最大の発電のジャイアントとなったＧＥ（ゼネラル・エレクトリック）です。ＧＥは、大型タービンや高度な発電技術を使った巨大発電所で集中発電を行って会社や家庭に供給するシステムをつくり上げ、米国の時価総額1位の世界最強の大企業となり、20世紀の産業をリードしました。

21世紀の今、この大型発電所が、データセンターであり、クラウドコンピューティングを提供するトップＩＴ企業、デジタル・プラットフォーマーにあたると考えることができないでし

図表2-4　20世紀のシステムから21世紀のシステムに

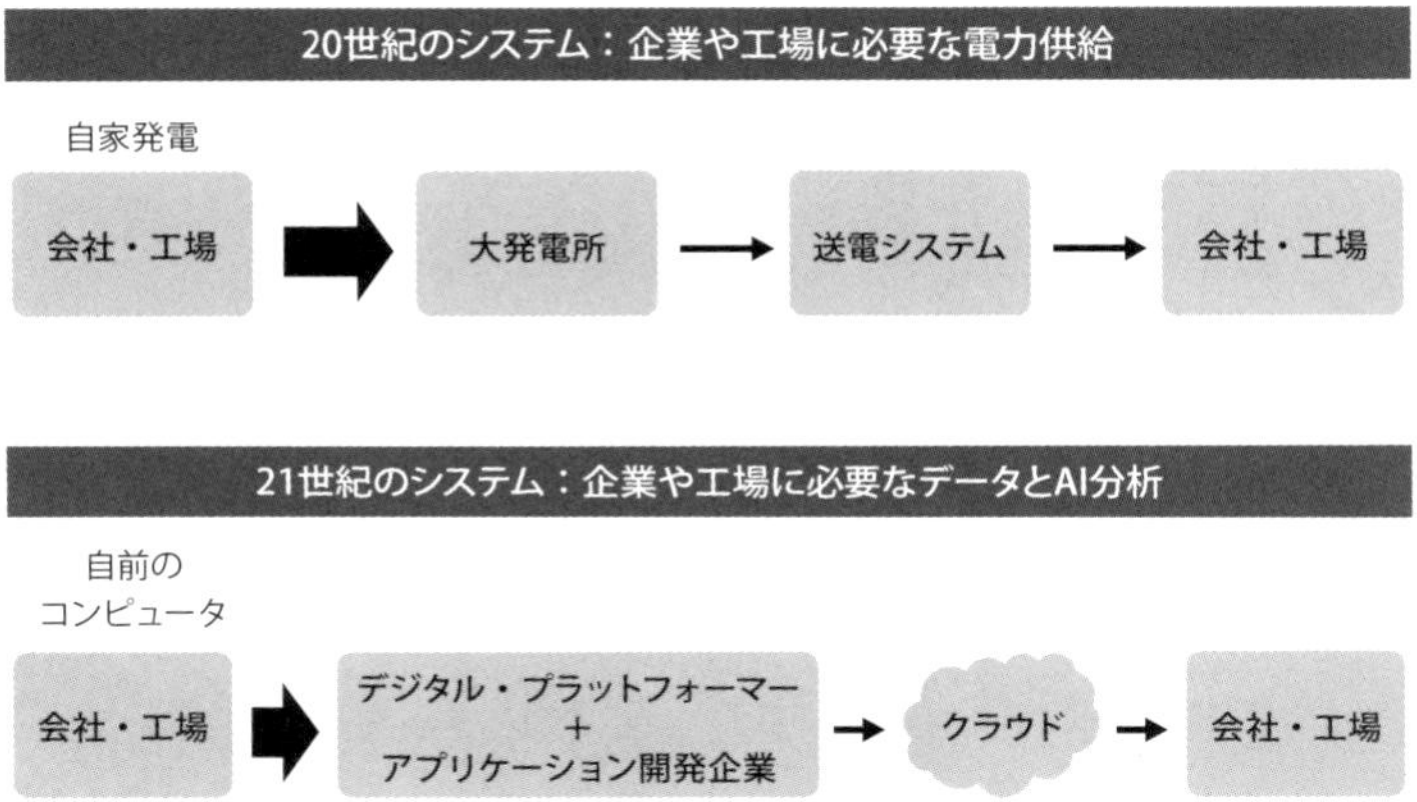

ょうか？（図表２―４）

　それぞれの会社や工場にあったコンピュータを、使いたいときに必要なだけ使うことができるクラウドコンピューティング。電気のように、ソケットに差し込むだけでＡＩやＩＴ技術を入手することができます。このソケットがスマホなどを使ったインターネットで、今、第４次産業革命の高度な情報処理プラント＝クラウドコンピューティングのプラットフォームがつくられつつあると考えられるでしょう。

3　ＡＩ×データ

ＡＩは経済・産業・社会をひっくり返すのか？

50年以上の歴史を持つシンクタンク、日本経済調査協議会に、日本のＡＩの第一人者や企業経営者が集結して、徹底議論した席でのことです。

「ＡＩがそこかしこで使われる経済社会」の中で、日本の企業は、どのように対応していけばいいのか、日本的ＡＩ経済のあり方などを議論するためにスタートしたこの研究会で、日本を代表するＡＩ研究者の一人、産総研人工知能研究センターの辻井潤一所長から、本質をつくコメントが寄せられました。

「日本中がＡＩブームに沸いています。でも、ＡＩが未来をどう変えてしまうのか、仕事は奪われてしまわないのか、と受け身になって心配しているのはどうでしょうか。ＡＩは、テクノロジーです。そしてテクノロジーは人が使うものです。私たちは、ＡＩというテクノロジーを使って、どういう社会や未来をつくりたいのか？　これを考え、コンセンサスをつくり上げていくべきではないでしょうか？」

司会を務めていた私は、辻井所長の鋭いコメントに納得しました。

これを企業レベルで考えてみると、大事なポイントがあります。

「**ＡＩは、目的ではなく道具である**」ということです。

ＡＩを使うのであれば、それぞれの企業ごとにその目的を決める必要があります。この目的を考えるのは、企業のＩＴ部門などの技術部門だけではありません。

ＡＩの利用目的を決定することは、企業経営そのものです。ＡＩについての戦略をとりまとめ、決断するのは企業経営者自身だということです。

すべての企業経営者、ビジネスパーソンは、ＡＩブームに踊らされることなく、ＡＩに関する知識、リテラシーを高めていくことが必要です。さらに、欧米や中国を中心とする諸外国のＡＩ政策に精通し、学術界での最先端議論に加われるような人材を育成して、ブレーンとして積極的に活用していくことが望ましいのではないでしょうか。

ＡＩはデータとセットになって初めて価値を生み出す

ＡＩの専門家を集めた研究開発機関に、企業の方から内緒でこんな照会が入ることがあるといいます。

「社長から、そろそろわが社でも業務にＡＩを活用したいと言われました。わが社に必要なＡＩを買ってくるようにと宿題が出て、困っています。ＡＩは、どこに売っているのでしょうか？」

１９７０年代に発展したエレクトロニクスを活用した第３次産業革命の時代であれば、パソコンやコンピュータ・ソフトを購入すれば、その技術を導入することができました。

しかし、ＡＩは導入して何がしたいかという目的がないと、うまく機能しないソフトウエアなのです。

ここで第二の大事なポイントがあります。

それは、**ＡＩはデータとセットになって、初めて価値を生み出す**ということです。それは、コインの裏表の関係と理解してもよいでしょう。

ちょっと乱暴ですが、ＡＩを車のエンジンに例えて考えてみます（図表2-5）。

どんなに立派なエンジンを買ってきても、燃料（例えばガソリン）を入れないとエンジンは回らず、車は動きません。このガソリンに相当するのがデータです。

そして、この車がそれぞれの企業のビジネスモデルを表しています。例えば、大きなエンジンのトラックを買ってきて運送業を始めるのか、スポーティーなエンジンのスポーツカーを買ってきて、家族を連れて週末、海辺にドライブに行きたいのか？

図表2-5　AI×ビッグデータ分析を車のエンジン×燃料に例えると

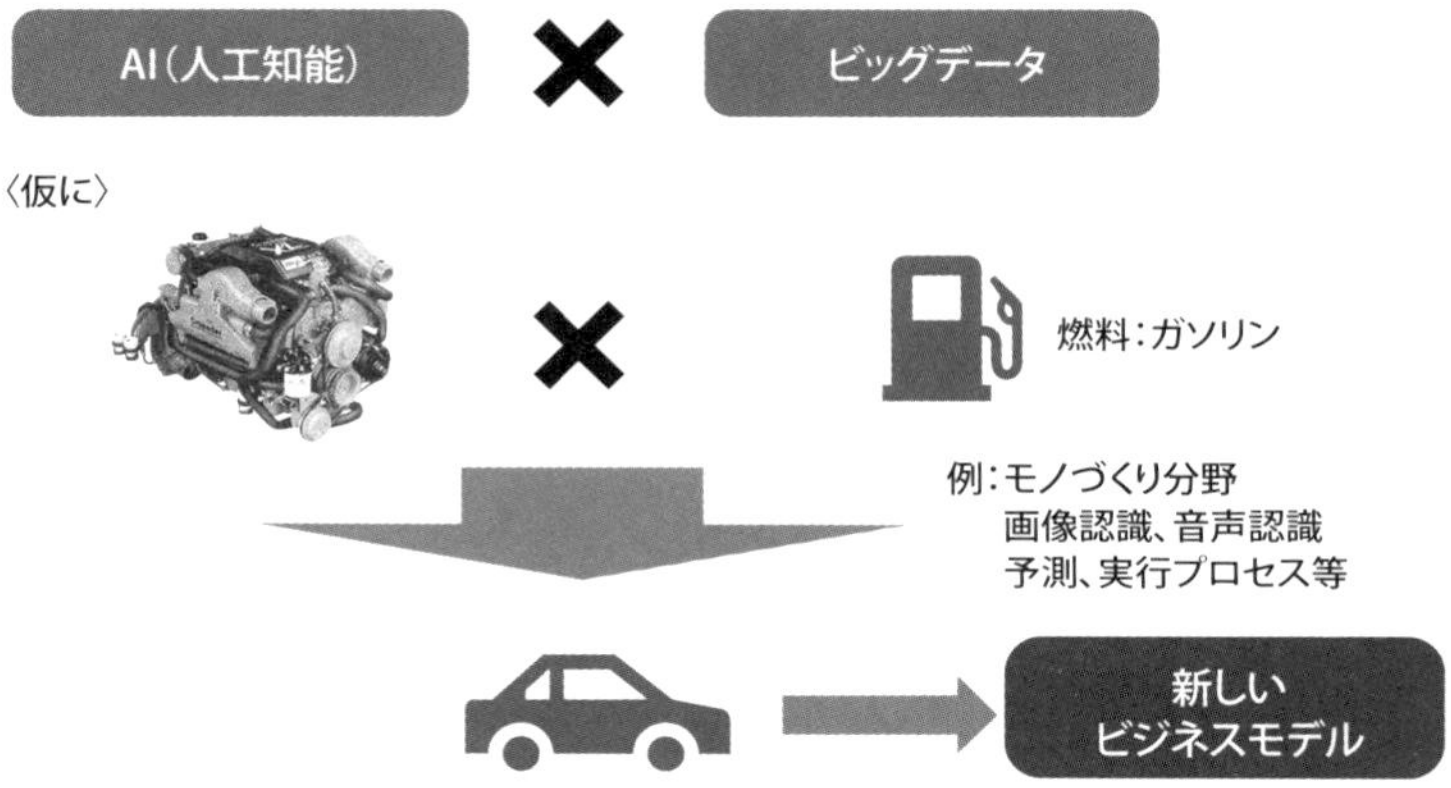

この車で何をしたいのかという目的があって、初めて、どんな車が必要なのかを考えることができます。これはＡＩも同じです。

一方、データだけを集めても、ＡＩやＩｏＴを推進するソフトウエア、デジタルテクノロジーはうまく機能しません。

このことが理解されないと、ＡＩを導入することだけが目的になってしまったり、何も生まないデータだけやみくもに集めてしまって、何を生み出すのか、その目的がはっきりしないという状態に陥ってしまうことになります。

「ビジネスモデルとして、何を生み出すのか？」。ＡＩを導入する目的を、それぞれの企業が使えるデータや会社の強みをしっかりと把握して、考え抜く。ここが、ＡＩ×ビッグデータ活用のポイントだと考えられています。

ある報道によると、中国のトップＩＴ企業・

アリババの創業者ジャック・マーは、「時代は、ＩＴからデータ・テクノロジーに移行し始めた。**データは、ガソリンと同じように経済活動の動力源となる**」と講演で語ったそうです。

21世紀のガソリンとは、データ。

20世紀にガソリン＝石油を支配したロックフェラーが経済を支配したように、21世紀のガソリンであるデータ×ＡＩを支配した企業、経営者が21世紀の経済を支配するのではないでしょうか。

すべての産業を変化させる「ＡＩ×データ」

それでは、この「ＡＩ×データ」化は、どの分野で進むのでしょうか？

「ＡＩ×データ」は、**すべての産業を変化させる**というのが、ＡＩの第一人者たちの共通した認識です。

文化放送の「オトナカレッジ」という生放送のラジオ番組で、第4次産業革命について説明したときのことです。農業に従事しているリスナーから質問が寄せられました。

「私は、佐賀県で酪農の仕事をしています。自分の仕事にも、第4の産業革命の新しいテクノロジーが関係あるのでしょうか？」

私は思わず大きな声で、「もちろん！　農業こそ、このテクノロジーを使って変えていくことができます」と答えました。

農業の世界でも、ＡＩなどのデジタルテクノロジーを導入することで、気象データやドローンを活用した映像データなどを収集し、その大量のデータを瞬時に処理して、育成状況の管理や病害虫対策などに活用できます。このテクノロジーは、農業、医療、製造業など、すべての分野での適用が可能なのです。

もし、読者のみなさんが「自分の仕事にＡＩ×データは関係ないな」と思っているのなら、それは、ただちに考え直すべきでしょう。

かつて、電気を活用してあらゆる産業が変化していったように、「ＡＩ×データ」を活用して、自分の仕事をどんどん変化させ、新しいビジネスモデルをつくり上げることができる。今は、その絶好のチャンスと言えるのではないでしょうか。

4 マスカスタマイズ

世界のモノづくりの進化

第４次産業革命の時代は、モノづくりのビジネスモデルも大きく変化していきます。

図表2-6を見てください。ドイツのインダストリー４・０プロジェクトを推進するリーダー組織のひとつ、フラウンホーファー研究所が作成した世界のモノづくりの進化の歴史を表した図です。縦軸は生産量を、横軸は生産する品物の種類の数を表しています。

右下の１８５０年時点は、マニュアル生産が主流だった時代です。そのかわりに、多品種の生産が行われていました。

時代は進み、20世紀初頭、米国で少品種大量生産の第２次産業革命が始まります。Ｔ型フォードの生産がこの時代の先駆けです。

その後、大量生産時代のピークが過ぎると、価値観が多様化して、顧客の好みやニーズに合

図表2–6　世界のモノづくりの進化

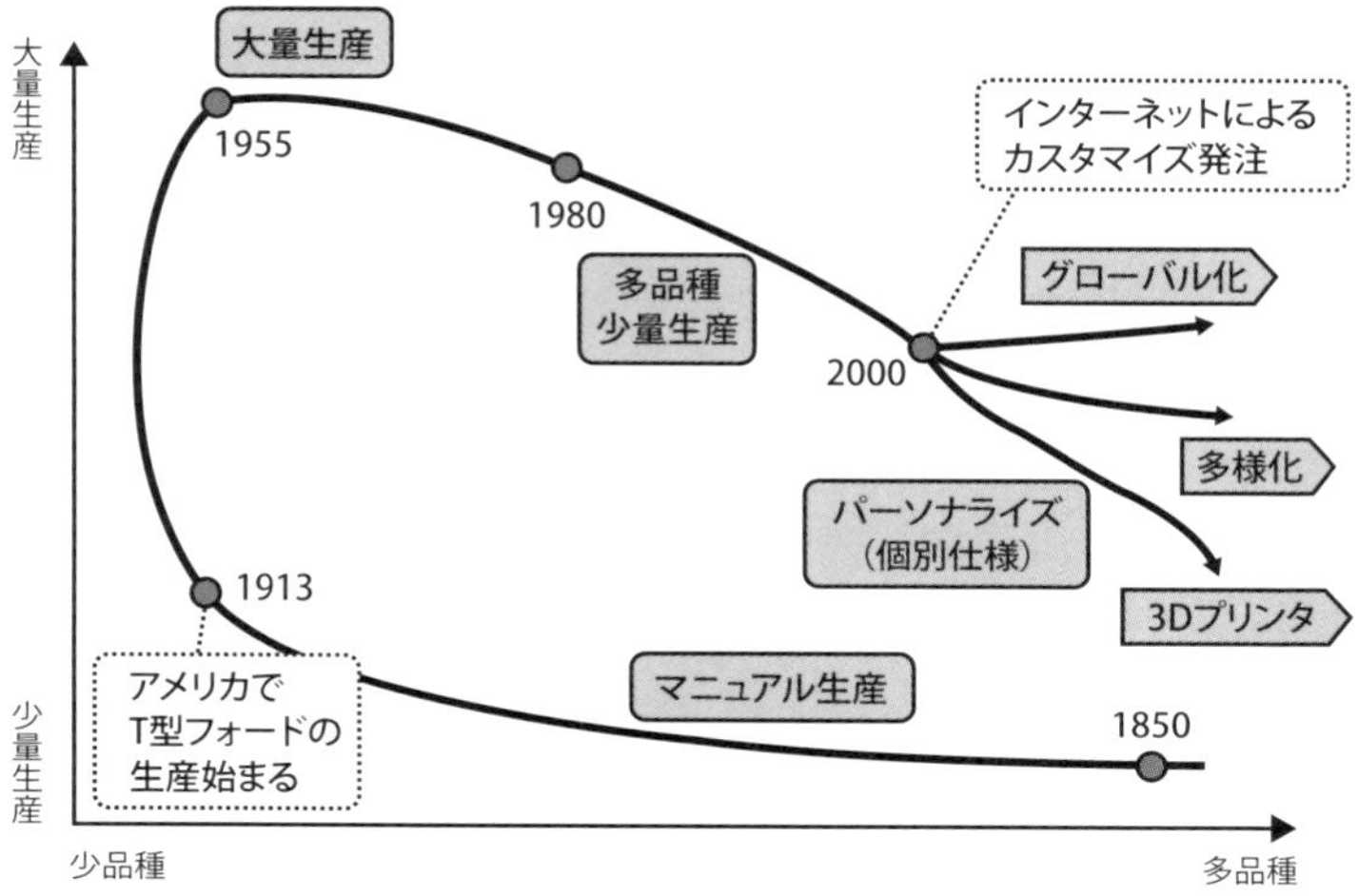

出所：Yoram Koren, *The Global Manufacturing Revolution* をもとにThomas Bauemhansl（フラウンホーファー研究所IPA所長）が作成した資料を整理

わせた個別仕様、パーソナライズされた製品へのニーズが高まってきます。ドイツはこの変化に、デジタル化・モジュール化した工場や、デジタル・バリューチェーンで対応しようとしています。

マス・カスタマイゼーションとは何か

ドイツにおける工場デジタル化のモデルのひとつが、「**マス・カスタマイゼーション**（マスカスタマイズ生産）」です。これを究極まで突き詰めたものが、「**スマート工場によるオーダーメード**」。デジタル技術を活用した一品生産の実現です。

この「マス・カスタマイゼーション」の日本語訳を、前著では「多品種少量生産」としたのですが、執筆当時、この日本語訳をめぐって出版社の編集者と議論になりました。

この言葉を正確に説明すると、「マス（Mass）」とは、「大量」という意味で、「カスタマイゼーション（Customization）」とは、ユーザーのニーズに合わせて設定を変更すること、つまり個別にカスタマイズすることという意味になります。

ドイツが考える「マス・カスタマイゼーション」というのは、個別のニーズに合わせて、多品種でも少品種でも、自由自在にカスタマイズした製品を、**大量生産と同じ安いコスト**で生産・販売すること、それを**デジタル技術で実現**するということなのです。

編集者は、この概念は複雑で、ひと言でわかりやすく説明するには「多品種少量生産」と表現したほうが読者に理解されやすいという意見でした。そこで最終的には「多品種少量生産」と表現することになりました。

しかし大事なことは、顧客ニーズに合わせたフレキシブルな製品を、大量生産と同じ安いコストで、迅速に生産できる仕組みやビジネスモデルを目指していることです。

岐阜県で企業経営者向けの講演会を行ったときのことです。

第4次産業革命への海外の企業の取り組みをテーマにした講演が終わり、主催者代表の地元の経営者の方が挨拶で、壇上に上がりました。

「私の会社は、長年アパレル関係のモノづくりに取り組んできました。自分たちなりに、精一杯やってきたつもりです。でも、今、日本のアパレル業界の経営者の間では、『どれだけ売れるかわからないのに、大量に製品をつくっても、売れ残りの在庫の山をかかえてしまう。そして、仕方がないから、値段を下げてバーゲンで売る。このやり方を繰り返していると、業界はますます苦しくなってしまう。こういうやり方は、思い切ってやめたらどうだろうか』そういう声があがっています。今日の話を聞いて、その答えが、第4次産業革命のマスカスタマイズ生産かもしれない、と感じました」

私は、挨拶を聞きながら大いに納得しました。

モノをつくって売る。このビジネスモデルでは、岐阜の会社経営者が指摘するように、在庫の山をかかえてしまうリスクがあります。コストを下げるために、大量生産するビジネスモデルを前提にしているからです。

ところが、第4次産業革命のテクノロジーを使えば、まったく逆の発想で、新しいビジネスモデルを始めることができるのです。

図表2–7　AIを活用したデジタルマーケティングと製造プロセスの融合

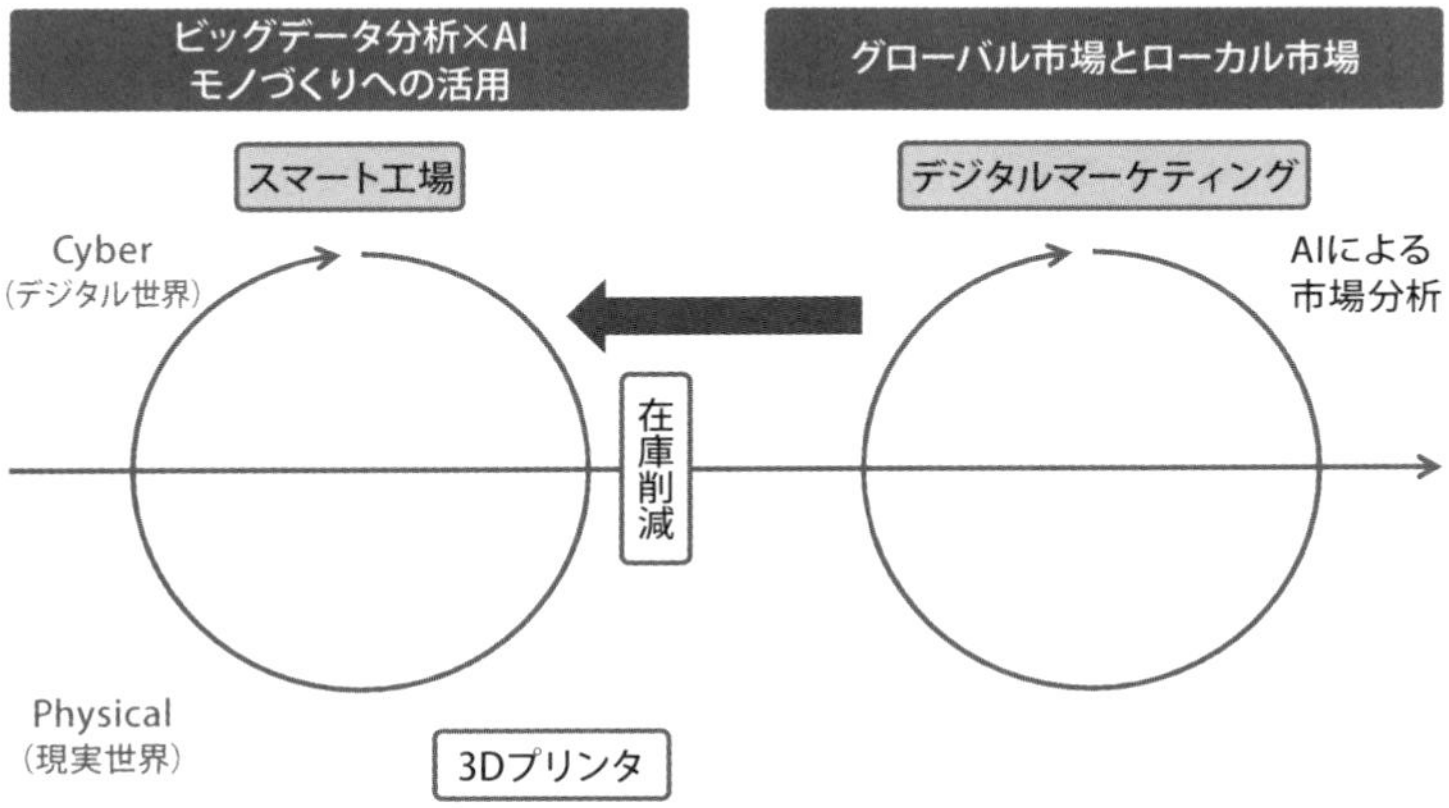

「顧客起点」のマスカスタマイズ・モデル

図表2－7を見てください。

横線の上の部分がデジタル側、下の部分がリアルの現実世界と考えてください。

まず「顧客起点」でサービスを考え直します。右のループのデジタルマーケティングと表現している部分です。

お客が、自分にぴったり合った製品をオンデマンドでオーダーする。

これを受けて、左のループの部分、スマート工場でこの製品をつくってお客に届ける。

この方法だと、在庫の山どころか、在庫そのものがなくなってしまいます。お客が必要な分だけ製品をつくるのですから、究極の在庫削減です。

「そんなことできるの？」という声もあるで

しょう。しかしドイツが考えたインダストリー４・０プロジェクトでは、これを実現する取り組みが始まっています。

デジタルやＡＩの力を使って、必要なものを、究極的には一品受注生産する。そして、多品種でも大量生産と同じコストで生産して販売する、デジタル・バリューチェーンをつくり上げる、という考え方です。

製品のマーケティングが優れていて、テスラのように、お客が自らオーダーをしてくれれば、オンデマンド型の生産も可能になります。

そこまでいかなくても、製品の販売に関するビッグデータの分析によって、必要とされる製品の内容、量とタイミングを読み解くアプローチもあります。

ある製品の販売データを個人の情報を隠した状態で分析し、結果をその製品の販売会社に対して売るというビジネスも始まっていると聞きます。

5　デジタル・シミュレーション

第4次産業革命を動かす
サイバーフィジカルシステム（CPS）

もし、インダストリー4・0を推進するドイツの関係者に、「これまでの、ITやエレクトロニクスを活用した第3次産業革命と、第4次産業革命はどこが違うの？」と質問したとします。おそらく、その関係者はこう答えるはずです。

「第4次産業革命は、サイバーフィジカルの仕組み（システム）を使うこと」

図表2-8は、ドイツが整理した第1次から第4次産業革命のそれぞれの内容をまとめたものです。

第1次産業革命は、水力や蒸気を活用した工場の機械化で、18世紀末にイギリスで始まりました。第2次産業革命は、20世紀初頭に米国で始まった電力を活用した大量生産、第3次産業

図表2-8　第4次産業革命

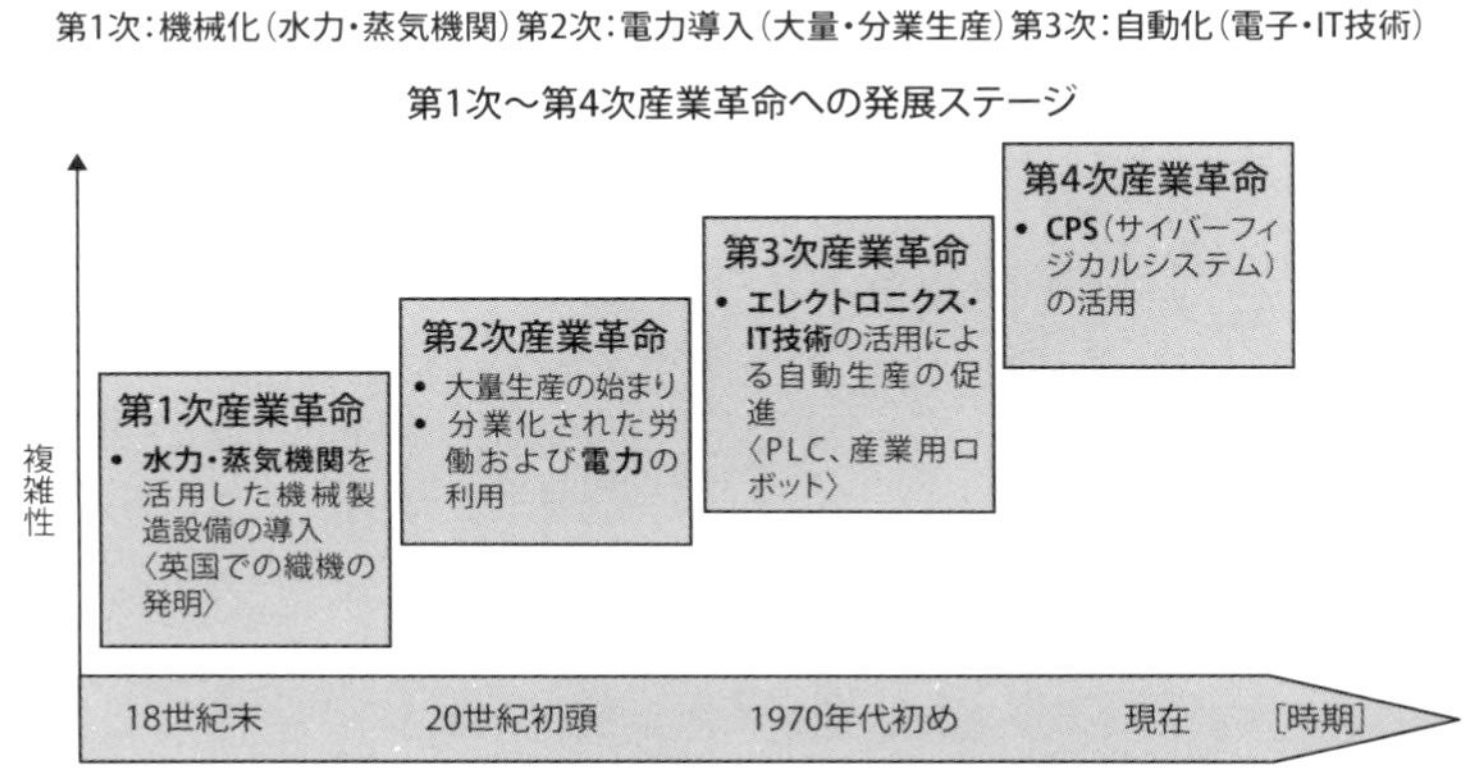

出所：http://www.bmbf.de/le/9072.phpより翻訳

革命では１９７０年代から始まったエレクトロニクス、ＩＴによる自動生産です。

そして、現在、21世紀に始まったのが、第４次産業革命です。その核となるのがサイバーフィジカルシステム（ＣＰＳ／Cyber Physical System）といわれています。

Ｃ（Cyber）とは、デジタルのこと。第１章で見た、最新のコンピューティングパワーやＡＩを使える世界です。次のＰ（Physical）とは、私たちが生活する現実世界のこと。リアル世界を指しています。つまり、サイバーフィジカルシステムとは、**デジタルの世界とリアルの世界をつなぐ仕組み**と理解できます。

もう少し丁寧に説明すると、リアルの世界のデータをデジタル世界に吸い上げ、ＡＩやアルゴリズムを使って分析・処理し、現実社会にフィードバックする仕組みということです。そして、そのプロセスは一回では終わりません。ループ（輪）のように、ぐるぐる回していく仕組みと考えられています。

この仕組みに最初に注目して、その研究を支援したのが、全米科学財団（National Science Foundation）でした。２００６年から、この財団や政府系機関が、このサイバーフィジカルシステムの仕組みの研究を後押ししています。

偶然にも、その翌年の２００７年には、リアルからデジタルへの最大のチャンネルとなるスマホ「アイフォーン」をアップルのスティーブ・ジョブズが世に送り出します。

そして、この考え方が世界の産業の仕組みを大きく変化させることに気がついたドイツも、サイバーフィジカルシステムを活用したデジタル化への取り組みを国家プロジェクトの基盤となる考え方として取り入れたのです。

スマート工場を「デジタル・ツイン」で実現する

次に、このサイバーフィジカルシステムを、製造業に当てはめて考えてみます。

センサーや、生産機器と製品との自動通信技術を使って、スマート工場（フィジカルエリア）の現場データをＩＴ（サイバーエリア）に蓄積します。そして、ＩＴ上に現実の工場をそっくり再現して、シミュレーション解析を行うことで、設計、生産計画、物流、部品の供給から調達まで、最も効率化、最適化された製造が実現できることになります。
まるでデジタル上に現場とそっくりの双子の工場をつくるような仕組みであることから、デジタル・ツインと呼ばれています。

写真２－Ｂの自動車工場を見てください。これが、ドイツが考えるデジタル・ツインのイメージです。

右側半分が実際の自動車工場のラインです。これに対して、左側半分は、パソコンに表示されているデジタル空間に、右側の実際の工場と一致する双子（ツイン）の工場をつくり上げていることを表しています。パソコンの後ろに描かれている部分は、デジタル上に工場が再現されていることをイメージで示したものです。

これは、右側の現実の工場が、左側のデジタル上の工場と対を成す状態、デジタル・ツインを生み出していることを表現しています。実際の工場での生産が進むと、同じように左側のデジタル上でも、生産が進む状態が映し出され「見える化」されるのです。

左側のデジタル空間では、ＡＩのディープラーニングの技術などを使って、**デジタル・モデルをつくることや、あらゆるシミュレーションを行うことが可能**で、数多くのメーカーで、さまざまな取り組みが始まっています。

アディダスのマス・カスタマイゼーションの事例を次章で紹介しますが、その前提となっている「**モジュール生産**（１１６ページ参照）」は、このデジタル・ツインのテクノロジーを使

写真2-B　自動車工場のデジタル・ツイン

写真提供：シーメンス

っています。

このシステムは、最終的に、バリューチェーン全体をデジタルの力で効率化することで、最大のメリットを生み出します。これが、ドイツのインダストリー４・０の最も重要視する仕組みといえます。

「自分の工場は、マニュアル生産が中心だから、デジタル化はとりあえず関係ない」と考えているのであれば、海外を含め、自分たちのバリューチェーンのデジタル化の動きをこれから注意して見ていく必要があるかもしれません。

ドイツの隣にあるチェコの日本商工会向けの講演で、プラハを訪問した席でのことでした。自動車部品メーカー、デンソーのＯＢで、チェコ投資庁長官アドバイザーの中越誠治氏が、講演を準備した理由をこう説明してくれました。

「チェコには日本企業の工場がたくさんがあります。工場でつくった部品の売り先は、実は圧倒的にドイツメーカーが多いのです。ドイツでインダストリー４・０プロジェクトが進展していけば、やがて、日本企業が販売する製品についてのデジタル情報を渡さないと納品ができなくなる時代がくるかもしれないと心配しています。チェコ政府も、ドイツのインダストリー４・０政策を参考にしたデジタル工場や、デジタルサービスの提供を支援する国家プロジェクトを始めています」

正直、私は鋭い予測だと驚きました。

今、世界中の自動車産業を中心に、自社のデジタル化を進める大手メーカーが、部品の納入企業に対する購入条件に、部品の稼働を保証するためのデジタル・シミュレーションを加えることを検討していると聞きます。現実に、デジタル・シミュレーションによる製品保証の導入を２０２０年に設定して、準備を始めている大手メーカーの名前も聞くようになりました。

自分たちでは気が付かないうちに、発注先のメーカーも同様の準備を進めているかもしれません。そして、対応ができないとバリューチェーンから外れてしまう可能性もあります。製造業のデジタル化はこれから大きなトピックスになっていくのではないでしょうか。

6

5G

世界で始まった５Ｇ

２０１８年12月、米国の通信会社と韓国の通信会社は、それぞれ、世界初の５Ｇの民間活用を開始したと発表し、話題になりました。

グローバルベースでは、日本を含め、２０２０年から５Ｇの基地局の設置に伴い、本格的な５Ｇサービスが開始される予定です。

今、話題になっている５Ｇの活用は、現在使われている４Ｇの通信技術が、次世代の新しい移動通信システムに変わることを指しています。通信インフラが整えば、４Ｇの20〜１００倍の大容量・高速通信が可能となり、４Ｇの10分の１に遅延を抑える「超低遅延」、１平方キロ当たり１００万台を接続可能とする「多数同時接続」が実現します。そしてこの５Ｇの通信技術は、リアル側のデータをデジタル側にすばやく吸い上げ、圧倒的な速さ・大容量のフィードバックを可能にします。

ＡＩ×ビッグデータを使って付加価値や利益を上げるビジネスモデルや、自動運転、スマート工場の実現など、より高いレベルのＩｏＴを、低コストで実現するテクノロジーとして、５Ｇは注目されているのです。

第４次産業革命の中の５Ｇの役割

ますます高まっている５Ｇへの期待ですが、第４次産業革命の中で、どのような役割を果たすことが期待されているのでしょうか？　それを端的に表したのが図表2-9です。

第2章で取り上げたテクノロジーを簡単に振り返ってみると、ＡＩをはじめとして、圧倒的なコンピューティングパワーが、クラウドコンピューティングによってトップＩＴ企業に集中しています。米国のトップＩＴ企業　アマゾン、マイクロソフト、グーグル、ＩＢＭ、中国のアリババなどが、図表2-9の第1レイヤーに相当します。

例えば、第1レイヤーでトップＩＴ企業がクラウドを活用してＡＰＩ（アプリケーション・プログラミング・インターフェース／ＯＳやウェブサービスなどが提供するアプリケーションの開発・プログラミングするための規約・仕様）などのソリューションを開発し、第2レイヤーで開発されたＡＰＩを使って第3レイヤーから上がってくるデータを吸い上げ、デジタルベ

図表2-9　5Gを使って、高速・大量通信を実現

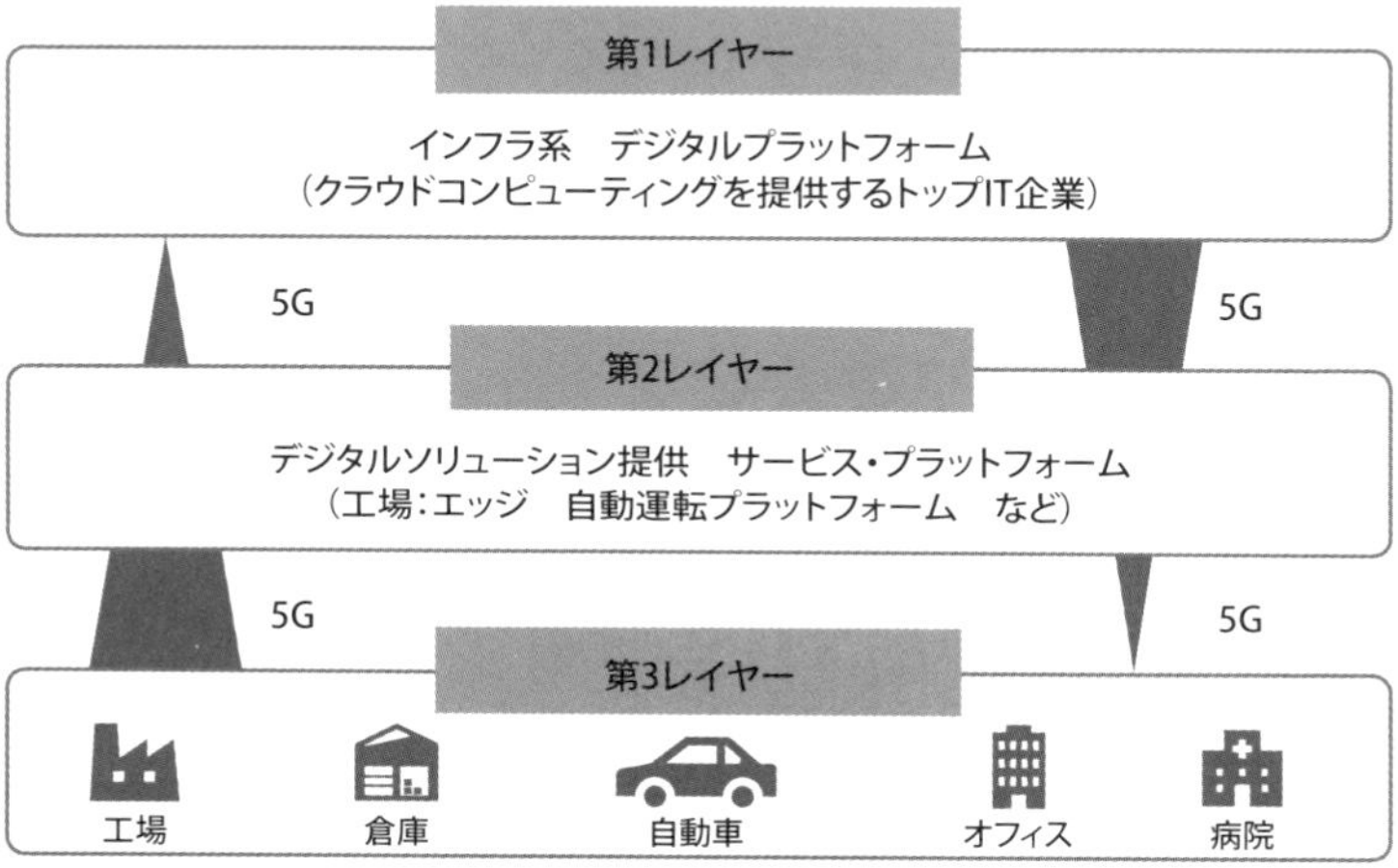

ースで分析処理を行うとします。その際、５Ｇの無線技術を使えば、これまでよりも大量なデータを高速にやりとりできるようになる、これがポイントなのです。

５Ｇの応用例

具体的な５Ｇの応用例を見てみましょう。

例えば自動運転の世界でいうと、ロボットタクシーと呼ばれる完全自動運転での配車サービスを行うエリアに、５Ｇの通信ネットワークを張り巡らせることによって、いざというときの遠隔操作の性能や、自動運転車のコネクティビティを高めて、より快適なサービスを提供できるようになっていくはずです。

また、５Ｇの効果が期待されるのは医療

分野です。リアルタイムでの映像やデータ受信が可能となり、例えば、遠隔医療の実現が期待されています。手術ロボットを遠隔操作できるようになっていくのではと考えられています。

これまでのロボットの遠隔操作のネックは、通信スピードが遅く、安定した通信を長時間確保することが難しかったことでした。５Ｇによって、そういった障害を取り除ければ、この分野を大きく変化させていく可能性があります。

その他５Ｇを使えば、オフィスのＴＶ会議のリアルタイム性も大幅にアップします。日本国内はもちろん、海外とのＴＶ会議の活用は、より活発化していくはずです。

もっと身近なところで言えば、スマホやタブレットを使った動画配信やコンピュータゲームも大きく変化するでしょう。例えば、２時間の映画をわずか３秒でダウンロードできるようになります。スマホなどを使ったゲームも、クラウドに簡単に接続できるようになると言われています。

２０１９年３月、グーグルがクラウド・ゲーム・サービスを発表し、話題になりました。圧倒的なデジタルテクノロジーを持つグーグルがユーザーをクラウド上に誘導し、エンターテインメント分野にビジネスを拡大すると見られています。クラウドを活用したゲームは、遠隔地にいる参加者同士の対戦を、より活発化させるはずです。

一方、トップＩＴ企業がクラウドのサービスを提供するためのデータセンター内でも、５Ｇのローカル基地局をつくって、無線ベースでのデータ通信を拡大していく挑戦も始まろうとしています。

注目される工場でのローカル５Ｇの活用

５Ｇを工場で活用する例について見てみましょう。

この場合、サービスを提供するための通信基地局がポイントとなります。５Ｇの通信基地局の設備は、これまでの４Ｇと比較して、小型化、低コスト化されると言われています。

工場では、工場単体での活用を目指す場合、ローカル基地設備だけで対応するローカル５Ｇの活用が注目されます。実際に、ドイツではローカル５Ｇの実証実験が始まっています。

２０１９年のハノーバーメッセ（産業技術の展示会）では、自動車部品メーカー大手のボッシュ（ロバート・ボッシュ）が、提携しているスウェーデンのエリクソンと共同で、５Ｇを使って３Ｄプリンティングの制御を行うユースケースを発表し、話題を呼びました。

インタビュー

ヤフー株式会社　ＣＳＯ（最高戦略責任者）

安宅和人氏

スマートダスト（賢いチリ）の時代をどう駆け抜けるか

［2017年10月20日収録］

東京大学大学院卒業後、マッキンゼー・アンド・カンパニーに入社。イェール大学脳神経科学プログラムで博士号取得。2008年ヤフー入社。COO室長、事業戦略統括本部長を経て、2012年より現職。慶應義塾大学環境情報学部教授。

これからコンピュータはどう進化するのか

尾木　コンピューティングパワーの拡大は、ますます経済や社会に大きな影響を与え始めています。ムーアの法則は現在でも成立していると考えられていますし、ＩＢＭが開発した極小コンピュータは、塩つぶの大きさの中に、コンピュータの機能を埋め込むことに成功したと発表されました。

コンピュータの進化と新しいビジネスモデルへの挑戦という観点で見ると、どのようにこれから進化していくと考えていますか？

安宅　コンピュータの進化については、２つの観点に分けて考える必要があります。

まず、第一に、コンピュータの計算速度がますます速くなり、性能が上がるという点。いわゆるムーアの法則とは違いますが、**量子コンピュータの誕生はこのひとつで、ニューコンピューティング**と呼ばれるエリアです。この分野では、カナダで開発された「Ｄ-ＷＡＶＥ」などの量子コンピュータが有名です。

ただし、このコンピュータは最適化問題しか解けず、限界があるとみられていて、ＡＩ・ディープラーニングで求められる行列計算には、対応できないと考えられています。

したがってＡＩを活用したコンピューティングパワーの拡大には、もうひとつ、まったく違うコンピューティング、新しい技術を実現する必要があり、今、世界中の研究者たちが全力で、これに取り組んでいる状況です。

この量子コンピュータ以上に、経済へのインパクトの観点から重要なのは、**コンピュータの小型化**です。コンピュータの計算速度の話とは、まったく別の話です。

尾木　スマートダストの世界ですね。この前、日本政府関係のＡＩ×製造業をテーマにした研究会に、日本ＩＢＭの久世和資ＣＴＯにお願いして、チリの大きさにＣＰＵ、メモリー機能が入った最新の超小型コンピュータを持ってきてもらいました。

リップ・スティック大のプラスチックケースに入っていたのですが、年齢が50代以上だと、老眼で、このマイクロコンピュータを見つけられないこともあるそうです。

正直、私もこのチリの大きさのコンピュータを見つけられませんでした（笑）。

図表2-10　ベルの法則　コンピュータの小型化が更に進む

ベルの法則

安宅　ＩＢＭのケースも、このコンピュータの小型化の一例ですね。この流れを理解するには、コンピュータの**ベルの法則**を理解する必要があります。

　ベルの法則とは、有名なムーアの法則とは別の話です。**約10年あまりごとに、時代を代表するコンピュータープラットフォームの大きさが、数百分の1になっていく**という経験的な法則です。

　この法則は、過去50年実現してきています。部屋の大きさほどあった開発当初のコンピュータは、１９６０年代に小型化されて、やがて、パーソナルコンピュータが生まれます。１９８５年、ＩＢＭは、世界トップの時価総額を誇っていました。

　そして、パソコンからスマートフォンの時代にシフトしました。アップルが、２０１７年末現在、世界トップの時価総額のポジションを取っています。

　次は、スマートフォンの１００分の１以下のスケールのコンピュータが時代を代表する計算機プラットフォームとなるのは、経験的に確実と考えられます。

ミシガン大学の研究チームが開発した世界最小の独立コンピュータのサイズは、１ミリ立方メートル以下のサイズに、ＣＰＵ、メモリーなど全ておりこんだものです。しかも組み込まれた太陽電池から得るので、電池がいらない。更に、ワイファイで情報を約20メートル先まで飛ばせます。

今のサイズは、砂粒程度なので服に埋め込むことができるレベルですが、このサイズは、このままどんどん小さくなることはほぼ確実です。

これが、スマートダスト（賢いチリ）、あるいはスマートモート（賢いホコリ）と呼ばれているテクノロジーです。こういう小さなセンサー的なコンピュータが、ＩｏＴ時代の強いドライバーになっていくのは、ほぼ間違いありません。

ビジネスのゲームチェンジが始まる

尾木　今のコンピュータの弱点を挙げるとすれば、電力消費と、熱を発生するということ。超小型コンピューティングは、これを克服していきますね。

安宅　そうとは言えないと思います。これまで存在しなかったセンサー的なチップの数が爆発的に生まれ、更にこのデータを受け取るクラウド側での計算量も爆発的に増加します。これらの通信に伴う計算負荷も尋常ならざるものになるからです。

電力は、アメリカや中国では安いので、今有利な立場にあります。ただ、現在開発されているニューロ計算素子が動き始めれば、絶大な電力消費を必要とする深層学習に必要な消費電力は数桁のレベルで下がると期待されています。少なくともＡＩの学習過程において電力コストが大きな有利性にならなくなる可能性があるということです。

こういう不連続的な変化を自ら引き起こし、掴むことが出来るのであれば、日本にも大いにチャンスがあります。情報科学、ソフトウェア側の議論に全てが寄りがちですが、センサーだけでなく、このような計算環境、あるいは計算の基盤まで含めて新しい枠組みを生み出せるかどうかという視点での仕掛けが必要だということです。

さらに、モノづくりの世界についても、ゲームチェンジが起こります。この国ではあまり議論になっていませんが、コンピュータが実際に制御するアクチュエーター、ロボットも、分子レベルに進化していってます。これからは、製造業も半導体素子の設計・開発のように、手先のレベルではない時代にシフトしていくはずです。

パナソニックの創設者、松下幸之助は、あらゆる空間に電気製品の恩恵を届け、豊かな社会を作る、というビジョンを実行して成功しました。これからは、全ての空間にセンサーをまき散らすことが可能になる。さらに、ローカルでＡＩ的な処理をかけるチップを広めていくことが期待されています。いわゆるエッジでのＡＩコンピューティングです。実際にはクラウド側と連動しますが、計算処理、学習過程の相当部分が我々の生活空間の周りに降りてくるのです。

これが、新しいゲームです。

この不連続点を生かしたチャンスはそれほど長い間、「機会の窓」（window of opportunity）が開いているわけではありません。おそらくこれからの20年程度でしょう。例えば、電力の供給システムが出来上がった１９５０年代には、アメリカのＧＥ（ジェネラル・エレクトリック）を倒すことは相当に困難な状況になっていました。

この新しい変化においても、これと同じ状態に、20年後になっている可能性が高いと思います。それはクラウドコンピューティングが現れて20年もたたないにもかかわらず数少ないプレーヤーが牛耳っていることからも分かるでしょう。

日本にチャンス到来　求められるマインドセット

尾木　この大変革の時代は、日本の産業界にとっても、とんでもないチャンスなのではないでしょうか。

安宅　本来、大チャンスだとみて、間違いありません。ただし、今の日本の企業は、マインドセット、考え方をゼロクリアーする必要があると思います。

多面的に変化が必要ですが、第一に変わるべきもののひとつは若者の活用です。日本は、若い力を解き放つ必要があります。

ビジネスの世界で、革新を起こしたAmazonのジェフ・ベゾス、Facebookのマーク・ザッカーバーグ、日本でもパナソニックの松下幸之助、ソニーの盛田昭夫、すべて、当時の若者ががんばって革新を起こしてきました。決してＧＥだとかＩＢＭ、Dupont（デュポン）、ＧＭというその当時を代表する偉大な企業がこれらの変化を引き起こしてきたわけではないのです。

尾木　日本で、若者が才能を開花させて、この大変革の時代をリードするためには、何が必要だと考えますか。

安宅　才能は確率的にしか生まれません。ただし、これまで埋まっていた生態学的なニッチ空間を開放すれば明らかに進化的に才能の発現は加速します。

例えば、地球上にこれまで生まれた生物種は、これまでほぼ全て滅亡してきました。最後の大きな隕石が地球に落ちた時は、種の9割以上が死滅し、個体数ベースでは1万分の1程度しか生き残らなかったと推定されています。地球では、こういう変化が5回以上繰り返されてきた。

ただ、そのたびに新しく開放された生態学的なニッチ（生態学的に条件が揃った空間）を埋めるように新しい種が育ってきました。新しい種が大量に生まれるために必要なのはある種の一掃、空間の解き放ちなのです。

今、世界では、技術的にも環境的にもこれまでにないレベルの変化が起こっています。経済的なルールも根底から入れ替わりつつある。大きさではなく変革が価値を生む時代になってきているのです。

ここは、思い切って若い連中に託すしかありません。ミドルやシニア層は席を譲り、なおかつ支援側に回るのです。彼らを認め、金を出し、いい人たちを紹介する。こういう動きが極めて重要です。

黒船が来て幕府が倒れ明治の開国時も、先の大戦に負け東京すらも焼け跡になってしまったあと、社会のかなりの部分は若者に託され、その若者はその自由の中で解き放たれてあらゆる才能と情熱を解き放ったのです。その時のシニア層のように力強く支援すべきなのです。

こんなわかりやすい時代はないと思います。

今、若者たちは、おじさんたちを気にせず、自信を持って飛び込んでほしい。

そういうエールを送りたいです。

第 3 章

第4次産業革命の注目企業

ドイツ 1

アディダス

ドイツ・スピードファクトリーの衝撃

マス・カスタマイゼーションへの挑戦を始めた世界企業があります。スポーツウエアでおなじみのアディダス（adidas）です。

テニスプレーヤーの大坂なおみさんが、２０１８年、全米オープンで優勝し、日本人として初めてグランドスラムと呼ばれるテニス四大大会のチャンピオンになりました。そのとき、彼女が身に付けていたのがアディダスのテニスウエアとシューズです。

アディダスの本社は、ミュンヘンから車で2時間、作曲家ワーグナーのつくったオペラの舞台として有名なニュルンベルクの近く、のどかな田園風景が広がるところにあります。

「アディダスがドイツで、スピードファクトリーと呼ばれるスマート工場を使って、カスタマイズしたスポーツシューズの生産を始めるらしい」

このニュースは、関係者に驚きをもって迎えられました。

その一方で、「そもそもスポーツシューズといえば、安い労働力が使える東南アジアで生産するのでは？」と疑問の声も上がります。

確かに、アディダスのスポーツシューズ生産は、先進国であるドイツでは27年前に打ち切られ、その拠点は中国や東南アジアにシフトしていました。

アディダスのスポーツシューズの生産高は、年間３億６千万足。人件費の安いアジア、最近では、とくにベトナムで生産されています。

今回の「スピードファクトリー」と呼ばれるスマート工場の登場は、実に四半世紀ぶりのドイツ国内の工場復活なのです。

「３Ｄプリンタ」でスマート工場が加速する

アディダスの、ドイツでのスポーツシューズの生産には、どのような狙いがあるのでしょうか？

まず、新製品を欧州市場に投入するための準備期間を一気に短くすることです。

欧州市場に注目してみると、ドイツで新製品を企画・設計し、アジアで生産して船便で欧州に運ぶと、１年以上、場合によっては2年近くかかる可能性があります。これをアディダスの

「スピードファクトリー」では、数週間で実現します。

その秘密は、３Ｄプリンタとデジタルデータ活用によるモジュール生産です。靴の性能を決める重要パーツであるソール部分のデジタル設計・デザインが終わったら、まず米国のスタートアップ企業から導入された専用３Ｄプリンタの光造形の技術でそのソールを試作します。

次に、設計データを製造装置に送り込み、３Ｄプリンタですぐに製造に入ります。通常の「積層方式」と呼ばれる３Ｄプリンタは、製造に時間がかかることが難点でした。そのため「３Ｄプリンタは技術はすごいけれど、つくるのに時間がかかりすぎる。モノづくりの現場では、ちょっと使えないな」という声もよく聞きます。

しかし、アディダスが採用した３Ｄプリンタは、通常のものと比較して、25～１００倍早い生産が可能だと言います。実際に、プリンタを自動稼働させることが可能になれば、工場の３直体制に匹敵する24時間での生産が可能となり、75～３００倍早い生産が実現するはずです。

アディダスは、自前主義にこだわらず、この技術を米国のスタートアップ企業から導入したといいます。

顧客起点のマスカスタマイズ生産

第二の狙いは、「顧客起点」のカスタマイズ製品の生産です。

製品の付加価値を高められれば、より高い値段で売ることができます。それでは、その高付加価値とは何でしょう。

それは、**一点モノといわれる、特注品**ではないでしょうか？　その中でも、とくに一点モノが価値を持つのはスポーツシューズです。

人の足の形は、それぞれ違います。大きな足、小さな足、幅が広い、狭いなどさまざまですが、大量生産と在庫コストを前提にしているメーカーが販売するのは、あくまで一般的な足の長さと幅など、バリエーションが限られているのが現状です。

スポーツシューズのユーザーを起点に考えれば、自分の足に合わないと疲れやすかったり、思ったように走れなかったりします。「自分の足にぴったりのシューズ」。これは、顧客のだれもが、価値を置くポイントです。アディダスはこれを、スピードファクトリーで実現しようとしています。

ここでポイントとなるのは、コストです。

アディダスの場合、従来のアジアの工場からの輸送コストとドイツの工場の人件費を抑制し、最終的な全体のコストをアジアでの生産体制とほぼ変わらないレベルまで抑えることができたといいます。

ソールの部分で始まった３Ｄプリンタの活用は、これからさらに他のパーツにも使えるように、素材の開発を始めています。

第2章の図2−7（91ページ参照）を見てみると、このマスカスタマイズが最も効果を発揮するのは、右のループの顧客起点のデジタルマーケティングが実現したときです。

アディダスは、顧客の製品のオーダーもデジタル化して、オンデマンドにシフトしていくことを目指しています。実際に、顧客がウェブ上の専用サイトに用意されているデザインや仕様を組み合わせて、自分の好みにぴったり合ったカスタマイズ製品を発注できるサービスを始めています。

アディダス本社を訪問して話を聞いてみたところ、ドイツに続いて米国で、第二のスピードファクトリーを立ち上げ、２０１８年から2つの工場で本格生産を開始しているとのこと。ここで実績を積んで、他の重要マーケットへの展開を検討していくそうです。

そして、工場の効率化だけを目指すのではなく、アディダスがアジアを中心に世界中に持っているサプライチェーン全体の在庫の削減、先端的なビジネスモデルの導入に取り組んでいくとのことでした。

なおドイツと米国のスピードファクトリーは２０２０年中に一旦閉鎖され、培われた最新の製造技術がアジアの生産拠点に配備、活用されることが発表されています。第４次産業革命を占う上で、今後もアディダスとそのサプライチェーンの動向から目が離せません。

ドイツ　２

ボッシュ（ロバート・ボッシュ）

インダストリー４・０のリーダーが センサービジネスで必勝を狙う

ボッシュは、自動車部品メーカーであるメリットを生かし、モビリティ分野のＩｏＴ（インターネット・オブ・シングス）化、自動運転やコネクティッドカーの分野に注力している企業です。そしてさらに今、ものすごいスピードでインダストリー４・０を実現する企業へと変身しています。

ボッシュは、世界トップのセンサー企業としての顔を持っています。

「センサーは、どんどん値段が安くなるのでは？」という疑問の声があるかもしれません。

しかし、ボッシュはセンサーを単体で売るのではなく、システムとセットで売るところに強みがあるといわれています。

同社は自ら、ＭＥＭＳ（超小型機械電気システム）を生産していて、２０１８年、投資金額１３００億円のＭＥＭＳ新工場をドイツに設立することを決定します。これは、車載用の自動運転ＣＡＳＥ（57ページ参照）戦略を狙っての投資と考えられます。

また、ダイムラー社と協働で、自動パーキング用のオペレーションシステムを開発、実用化に成功しています。これは、到着したビルの入口で車を降りれば、バレットパーキングのように、車が自動運転で駐車場の空きスペースに駐車。スマートフォン（スマホ）で呼び出せば、再び入口まで自動運転で車が戻ってくるというものです。

第1章で紹介したスマイルカーブと、ダイムラーのロゴがアップルに変わるシナリオを示唆した『フィナンシャル・タイムズ』の記事を思い出してください。もしボッシュが自動運転のセンサー技術で、世界のデファクト・スタンダード（事実上の標準）を獲得したらどうなるでしょう。

たとえ、自動運転の勝ち組がドイツのダイムラーでも、米国のアップルでも、自動運転車に搭載するセンサーとソフトの技術で勝てば、誰もがボッシュのセンサー技術を必要とします。ボッシュは必ず勝てるのです。ボッシュが狙っているのはそこではないでしょうか。

デジタルサービス・プラットフォーマーとデジタルコンサルティング企業を目指す

ボッシュの最新の動向を、もう少し見てみましょう。

同社に新設された、「コネクティッド・モビリティ・ソリューション」事業部は、６００人を超えるスタッフを有していて、デジタル・モビリティサービスの開発・販売に着手しています。２０１８年には、米国のスタートアップ企業ＳＰＬＴ社を買収して、ライドシェア（相乗りサービス）ビジネスにも、本格的に乗り出しました。

ボッシュは、世界のライドシェアリングの利用者数は、２０２２年には現在より60%増加し、6億人超のレベルに達すると予想。企業向けに、通勤者をターゲット対象としたサービスを提供するとしています。

一方ボッシュは、グループ内の工場の産業機器などをボッシュのデジタルプラットフォームの「ボッシュＩｏＴスイート」に連結して、ビッグデータ分析・処理に取り組んでいます。ユニークなのは、自社の工場のデジタル化で在庫や物流のコストを下げるノウハウや実例を積み重ねた結果を使って、外部の企業のコンサルティングに乗り出していることです。その新しい一般企業向けサービスで製造業、スマートシティ、スマートホーム、エネルギー、スマートビルなどの分野でＩｏＴ事業の拡大に取り組んでいます。

コンサルティングチームは、センサーなどのＩｏＴ機器を専門に取り扱うメンバーや、生産管理に精通した工場の管理者などから構成されています。会社経営全体の中でのデジタル化可能な分野やその導入案を、企業経営者に直接提案する経営コンサルタントのチームを、臨機応変に編成しているのです。

これは、製造現場だけでなく、現在のＩｏＴ技術で最も効率化されるといわれる物流、在庫部門を含む企業活動全体を俯瞰した経営トップの判断を得て、プロジェクトが進められるというメリットがあります。一方、ボッシュ側も、外部企業のプロジェクトへの参加を通じて、知見やノウハウが深められ、結果的に、ボッシュの工場の底上げにつなげることができるという二重のメリットがあるとみられます。

ボッシュグループ内に擁するソフトウエアエンジニアの数も注目されます。グローバルベースでグループ約37万５０００人の従業員中、雇用しているソフトウエアエンジニアは実に１万５０００人に達するといいます。

ドイツ ３

シーメンス

世界トップ10のソフトウエア会社

シーメンスは、ボッシュと並んでドイツのインダストリー４・０プロジェクトを推進する主要メンバー企業です。産業界のデジタル化を目指して、事業の選択と集中を行いながら、ソフトウエア事業を積極的に拡大しています。日本ではほとんど知られていませんが、シーメンスは現在、売上で世界トップ10に入るソフトウエア企業の顔を持っています。これを実現したのは、買収によるソフトウエアビジネスの拡大でした。

２００７年、米国の製品ライフサイクル管理（ＰＬＭ）ソフトウエアメーカー大手のＵＧＳを買収したことを皮切りに、２００７年から２０１７年までソフトウエア企業を買収した合計金額は約１００億ドル、１兆円を上回るといいます。

２０１３年に就任したジョー・ケーザーＣＥＯは、「シーメンスは、ソフトウエア企業になる」とのビジョンを示し、同社のビジネスポートフォリオ（事業の組み合わせ）を急速に変化させています。

売上約11兆円の内訳を見てみると、今や、デジタルファクトリーとプロセスドライブが約4分の1を占め、エネルギー事業など他の事業を抑えて、最大の収益源となっています。また、ボッシュと同様、ソフトウエアの技術者を増やしてきた結果、すでにその数は2万人規模となり、デジタルファクトリー部門のモジュール生産、デジタル・ツインの導入を積極的に支援する体制をつくり上げています。

シーメンスのアンベルク工場（写真3−A）は、インダストリー４・０のテクノロジーを導入した代表的な工場として有名です。この工場では、製造工程のデジタル化を進めることで、ひとつの工場で１０００種類ものコンピュータが、少量でも低コストで生産できるマスカスタマイズ生産の体制を整えています。

さらにシーメンスは、デジタル・プラットフォーマーの機能をＢ２Ｂで提供することにも注力しています。これもボッシュと同じです。

ＩｏＴの分野で工場などのネットワーク化を進めるため、ヨーロッパ最大級のソフトウエアメーカーのＳＡＰと提携。同社が提供するシステム「ＳＡＰ　ＨＡＮＡ」を使って、インダストリアル・クラウドシステム「マインドスフィア」の提供を開始しました。自動車産業からさらに幅広い産業へ、また、各業界のトップ企業から、中堅・中小企業まで、裾野を拡大しなが

写真3-A　シーメンス　アンベルク工場

提供：シーメンス

ら、ドイツ産業界全体のデジタル生産、デジタルサービスの提供に取り組もうとしています。

クラウド・プラットフォーマーに進化する

シーメンスは、２０１９年4月のハノーバーメッセ（産業技術の展示会）で、産業用ＩｏＴのプラットフォームである「マインドスフィア」を通じて、デジタルサービス・プラットフォーマーのレイヤーを目指すことを明確に打ち出した出展を行って、注目を浴びました。

第4次産業革命の製造業向けクラウド・サービスでは、ユーザーから支持されるＡＰＩ（アプリケーション・プログラミング・インターフェース）などのソリューションの開発を勝ち取ることが重要になります。また、プラットフォームが機能するには、カバーするユーザーの規模、プラットフォームが提供するソリューションを開発するエコシステム参加企業の規模と質、そしてこの2つのマッチング能力にかかっています。

シーメンスから見ると、マイクロソフトやＡＷＳ（アマゾン・ウェブ・サービス）の位置づけは、第1レイヤーのクラウドを提供するパートナーです（１０２ページ参照）。データセンターを発電所に例えると、大型の発電所からは電気を提供してもらい、製造業でのソリューションはシーメンスというサービスを提供するプラットフォームがカバーするという役割分担を提案しているのです。自らは第2レイヤーのサービス・プラットフォームをつくり、優秀なソリューションをエコシステム企業に開発してもらうことでマネタイズ（収益化）を目指そうという戦略です。

　事実、ドイツではシーメンスのプラットフォーム「マインドスフィア」を利用する大企業が増えていて、中小企業を得意とするソリューション提供企業も、割り切って、シーメンスのプラットフォームでソリューションを提供しています。

「アマゾンなどの第1レイヤーのＩＴ企業は、製造現場を知らないはずだ！」という考え方は現実的ではなくなりつつあります。実際には、製造現場のノウハウを知り尽くしたソリューション提供企業が、このマインドスフィアのような第2レイヤーとなるサービス・プラットフォームに集まりつつあるのです。

　工場のソリューションでいえば、シーメンスはクラウド上で開発したプロトコル（手順）や

ＡＰＩを、製造現場の設備機械などの産業用ＰＣ（ＩＰＣ）で動かす手法の開発に取り組んでいるとみられています。これはＰＬＣ（プログラム・ロジック・コントローラー）と呼ばれる工場の自動化設備を制御する機器の中に、設備機械や製造現場のノウハウを集約することによって実現していこうとしているのではないかと指摘されています。

すでに、コンテナ技術というソフトデータの圧縮技術が可能になっていて、クラウドで開発、シミュレーション学習させたＡＩ（人工知能）を、工場のＰＣやＩＰＣ、ＰＬＣ上で実態学習させ、これをさらにクラウドに戻すといったことが、現実のものとなりつつあります。工場のデジタル化は、今後これらの技術により、進化が加速するとみられています。

鉄道車両メーカーから
ＭａａＳ企業へ

モビリティのデジタル化に伴うビジネスモデルの変革は、鉄道部門でも進んでいます。

シーメンスは世界有数の鉄道車両メーカーですが、車両を製造して販売するという従来のビジネスモデルから、ソフトウエアを活用した鉄道運行サービスを提供するというビジネスモデルへの転換を進めています。スマイルカーブでいう付加価値の高いサービス事業への拡大を図っているのです。

写真3‒B　シーメンス製の高速列車

提供：シーメンス

シナリティクス（Sinalytics）と呼ばれるデジタルサービスを、スペインの鉄道会社レンフェが運行するマドリード―バルセロナ・マラガ間の高速列車（写真3－B）に導入。欧州の鉄道運行では一般的ともいえる運行遅延が常態化していたこの高速列車の定時運行率を99・9％に引き上げたといいます。

　シーメンスは、自らをデジタル企業に変革し、ソフトウエアの活用でビジネスモデルをサービスに変換し、付加価値を生み出す方向性を打ち出しています。鉄道、ソフトウエア、運行システムをビジネスモデル化し、モノをつくるだけでなく、デジタル技術を活用したサービスまでカバーする企業へと転身を目指しているのです。

　言い換えれば、MaaS（モビリティ・アズ・ア・サービス／マース／60ページ参照）のビジネスモデルに舵を切っているといえます。

ドイツ ４

フォルクスワーゲン（ＶＷ）

米国で勃発したディーゼル車問題

ダイムラーがドイツを代表する高級車メーカーなら、フォルクスワーゲン（ＶＷ）は、ドイツ最大の販売高を誇る自動車メーカーです。車の販売台数は年間１０７４万台（２０１８年）、世界トップ３の一角として、中・小型車市場で世界をリードしてきました。

今や、世界の自動車販売の３分の１を占める中国市場でも、フォルクスワーゲンは外国車市場でトップです。グループ企業には、高級車として日本でも知られるアウディやポルシェの他、英国のベントレー、イタリアのランボルギーニも名を連ねます。

ところが、環境対策のテクノロジーとして、技術開発を行ってきたディーゼルエンジン車でつまずきます。**排ガス規制対策の偽造データ・ソフト問題**です。

ドイツで車は、動物に例えるなら馬。週末や、１カ月近い休暇をとる夏休みシーズンには、欧州を車で駆け抜ける国民にとって、長距離の移動が可能で燃料コストが安いディーゼルエンジン車は、環境対策車として最適な車でした。

ところが、かつてトヨタ自動車がリコール問題に苦しんだのと同じ米国で、問題が発生します。２０１５年9月、米国の環境保護局（ＥＰＡ）が、「フォルクスワーゲンは、試験場で排ガス試験を受けていることを察知して、自動的に排ガスに含まれる窒素酸化物（NOx）を減らす違法ソフトを使用していた」と、記者会見で発表したのです。これは、欧州、とくにドイツ産業界をゆるがす大ニュースになりました。

フォルクスワーゲンはドイツ最大の自動車メーカーであるだけでなく、本社があるニーダーザクセン州が、株式を20％保有する第2位の大株主となっている企業です。雇用者もドイツ国内だけで、約30万人にものぼります。日本から見るとわかりにくいのですが、フォルクスワーゲンの排ガス不正問題がドイツ社会に与えるインパクトは相当なものです。実際、環境対策車として人気のあったディーゼルエンジン車は、欧州市場で急激にシェアを落としています。

そして、米国で問題が発生した9月末、フォルクスワーゲンのトップには、ポルシェＣＥＯだったマティアス・ミュラー氏が就任。排ガス不正問題対策を同社再生の起爆剤とすること、そしてディーゼルからＥＶ（電気自動車）へと社運をかけた経営の大転換を行うことを発表します。ときを同じくして欧州、中国、米国のカリフォルニア州などで、ＥＶを活用した政策に転換する動きが活発となり、市場がＥＶの導入に大きく動き始めます。

EVの覇権を目指すフォルクスワーゲン

フォルクスワーゲンの動きは迅速でした。これまでの、ガソリンやディーゼル用に使っていたパワートレインと呼ばれる車の骨格部分にEVのモーターと電池を組み込むスタイルのEVから一歩進めて、EV専用のパワートレインを開発。2020年に市場に投入するコンパクトEV「ID」を発表します。

同時に、ドイツ国内のEV生産体制づくりにも乗り出します。

同社は、グループ企業であり、日本でも有名な高級車メーカーのアウディ発祥の地、ライプツィヒ近郊の工場で、2022年から年間30万台規模でEVの生産を開始することを発表しました。これまで行っていたガソリン車の生産を他の工場へ移し、100％EV工場へシフトするという大胆なものです。

また、その生産台数は、日産のEV「リーフ」の年間販売台数の3倍にも相当します。EV化を進める中国市場向けではなく、欧州、米国市場向けEVの生産をこの工場で開始する予定だといいます。

今後、EVの中に組み込まれる半導体チップの数は、今のガソリン車の4倍になるとも言われています。その点、フォルクスワーゲンのEV工場のあるエリアには、半導体、マイクロエレクトロニクス産業の中心地、ドレスデンがあります。ドイツ有数のデジタル産業に強いエリアを選んで、一気にＥＶ生産体制を固めようとしています。

スタートアップをイスラエルから召集、外国のデジタル人材を召集せよ！

ＥＶ化を皮切りにダイムラー同様、フォルクスワーゲンも、ＣＡＳＥへの対応に注力します。その中でも注目されるのが、ベンチャー企業の活用です。フォルクスワーゲンは、圧倒的なモノづくりの経験を有し、エンジニアのレベルもドイツトップクラスです。

一方、デジタル分野では、内部での人材育成は十分ではありません。新しいモビリティ、コネクティッドカーなどのアイデアを自由な発想で、なおかつ若者のユーザー起点で考えられる。そんな若い世代の参画がどうしても必要です。

例えば、アップルのアイフォーンが販売開始された２００７年、最初からスマホを当たり前のように使ってきたデジタル・ネイティブの世代が登場しています。この世代の若い人材をどのように生かして、デジタル化にシフトしていくのかが、フォルクスワーゲンにとって大事なのです。

フォルクスワーゲンは大胆にも、ドイツのドレスデン市内にあるＥＶ車パイロット工場の中に、スタートアップ企業とのワークショップオフィスをつくりました。ドイツ国内だけでなく、デジタル技術で世界をけん引するイスラエルや、ホワイトハッカーが豊富といわれるチェコなどのスラブ諸国、その他、バルト三国などから、スタートアップ企業の招へいを始めています。

このスタートアップ企業支援のプロジェクトには、地元の自治体であるドレスデン市も参加しています。モビリティ技術を中心に、最新のデジタル・リテラシー（知識、ノウハウ）を持った若者が、アイデアを生み出せる環境を整える。そして、見込みのある企業を徹底して育成しようと、ドイツの自治体が率先して動き出しているのです。

米国 1

アマゾン（ＡＷＳ）

クラウドコンピューティング世界トップへの道

第4次産業革命をけん引するコンピューティングパワーをユーザーに提供するキーテクノロジーのひとつがクラウドです。そして今、クラウドコンピューティングの世界トップ企業はアマゾンです。

「アマゾンはｅコマースの会社じゃなかったの？」と疑問に思うかもしれません。正確には、アマゾングループの**ＡＷＳ（アマゾン・ウェブ・サービス）**です。２００６年に設立され、クラウドコンピューティングという形で、自社システムを貸し出すサービスの提供を開始しました。

アマゾンはもともと、当初のメインビジネスだったｅコマースで、莫大な規模のコンピュータが必要でした。そのコンピュータ設備は、最大ピーク時でも対応できるように準備しなくてはなりません。つまり、普段、自社コンピュータには多くの余力があるということです。そこから、自分たちのコンピュータの空いた部分を有効活用し、これを企業や個人にインターネットを通じて貸し出すサービスを提供し始めました。空いたコンピュータを使うことで安くサービスを提供でき、競合他社との価格差を広げたともいわれています。

今では、クラウドビジネスは、アマゾングループで最も収益を上げている事業となっています。顧客にはＣＩＡやネットフリックスなどが含まれ、クラウド市場のシェアで世界の約３分の１を占めるクラウドコンピューティングの巨人に成長しました。

ＡＷＳを支えた莫大な数のＩＴエンジニアたち

日本でも、企業向けのシステム・インテグレーターがクラウドコンピューティングの照会を受けると、まずＡＷＳのクラウドサービスを勧めることが多くなったと聞きます。２０１８年には、日本のメガバンクなどの大手金融機関が、システムの一部にＡＷＳのクラウドシステムを利用することを発表しました。

アマゾングループの収益の中で、有名なｅコマースは薄利多売をベースに進めているため赤字の状態です。「地球上で最も豊富な品揃え」を提供するというアマゾンのビジョンを実現するためのコストは、このクラウドコンピューティング・サービスが生み出して、補完している状況とみることもできます。

ＡＷＳのクラウドが、ここまで世界をリードするようになったのはなぜでしょうか。

それは、このクラウドで利用されるＡＰＩは、アマゾンのｅコマースなどを担当するトップＩＴエンジニアたちが、自分たちで利用するためのものだったからと言われています。

ＩＴエンジニアたちは、アプリケーションを自分たちにとって使い勝手がいいようにどんどん改良していきます。この結果、アマゾンのクラウドを使うユーザーでも使いやすいＡＰＩとなり、それによって魅力的なアプリケーションになったのです。

ＩＴの世界ではこれを、「ドッグ・フーディング」と呼んでいます。つまり、本当においしいドッグフードは、これを実際に食べてみないとわからないという意味です。

ＡＷＳのコンピュータ技術は極めて高く、少し専門的な概念になるのですが、「サーバーレスアーキテクチャ」という、システムを分散させてサーバー管理を不要とする機能を開発したことも、クラウドサービスの提供に画期的革命をもたらしたといいます。

また、アマゾンのＩＴエンジニアの数は膨大で、２００８年の段階でアマゾンのクラウドサービス向けにアプリケーション、サービスをつくる開発者は18万人もいたと言われています。

エコシステムという言葉を、最近よく耳にするようになった読者も多いと思います。このエコシステムというのは、従来は、自然環境の中の生態系システムを指す言葉なのですが、ＩＴ

の世界では、プラットフォーマーを中心に、ソフトのデベロッパーやベンダーが協働する体制、言い換えれば産業集積のことを指します。

ＡＷＳは、巨大なエコシステムを形成していますが、これに参加するこれらのＩＴエンジニアは、必ずしもアマゾンの社員ではありません。それぞれの得意分野を生かして魅力的なアプリケーションを開発し、ＡＷＳのクラウドというプラットフォームに提供しています。エコシステムの参加者が膨大な数になるにしたがって、ＡＷＳの魅力も高まっていったのです。

米国 2

マイクロソフト

劇的な復活を支えたクラウドコンピューティング

世界第2位のクラウド・プラットフォーマーとして、ＡＷＳを猛追するのが同じ米国のマイクロソフトです。

マイクロソフトといえば、世界最大級のソフトウエア企業であり、パソコン、サーバー用ソフトのウインドウズ（Windows）を柱にグローバル市場を制してきました。

そのマイクロソフトが、「マイクロソフト・アジュール」というクラウド・プラットフォームの提供を開始。**PaaS**（Platform as a Service／インターネット経由のアプリケーション実行用プラットフォームサービス）に、データ機能やＡＩの機械学習を積極投入して、世界第2位のシェアを確立します。マイクロソフトもすさまじいスピードで変化しているのです。

米国を代表するＩＴ企業の本拠地といえば、一般にシリコンバレーが注目されますが、先に取り上げたアマゾンと並んでマイクロソフトの本社も、米国西海岸のカナダ国境に近いシアトル郊外にあります。マイクロソフト本社といっても、実際は１００を超える「キャンパス」と呼ばれるオフィス、研究棟が林立していて、マイクロソフトシティとも呼べるほどの規模です。

この本社では、スタートアップ企業でスタートしたときのチームと写る若き日のビル・ゲイツの写真が展示されています。「世界中の家庭へ、一家に一台パソコンを」というビジョンを掲げ、これを実現し、トップＩＴ企業に育て上げたのです。そして今、世界中のパソコンで、マイクロソフトのＯＳ（オペレーティングシステム）ウィンドウズが利用されています。

世界中にパソコンが普及するにしたがって、ソフトウエアのロイヤルティが世界中から集まり、その額はすさまじい勢いで増え続けたといいます。その後、自前主義を貫いてきたコンピュータ業界も、ＩＢＭがマイクロソフトのＯＳを採用。コンピュータ業界は、オープン化、モジュール化と呼ばれる「得意とするパーツやソフトウエアを集めてコーディネートする時代」に大きく変化していきました。

このような変化の中、コンピュータ業界に新たな変化の時代が訪れます。スマホの台頭とクラウド化です。パソコンの販売が世界中で一巡して飽和状態になる一方、スマホのＯＳはアップルのｉＯＳとグーグルのアンドロイドが握ります。

トップＩＴ企業の一社であるマイクロソフトにとって、新しいビジネスモデルが模索される中、２０１４年にＣＥＯに就任したのが、インド人のサティア・ナデラ氏でした。ナデラ氏は、インド工科大学の受験に失敗した経験や米国にわたってアメリカンドリームを実現した経緯など、その経歴をかざらずに公表しています。

このナデラ氏は、マイクロソフトの第二の創業とも呼べる変革を実現していきました。ナデラ氏がフォーカスし、マイクロソフトの復活を導いたビジネスモデルがクラウドコンピューティングのマイクロソフト・アジュールです。

マイクロソフトは、このアジュール上で提供されるアプリケーションやソリューション力の高さで、世界第2位のポジションを取ったとも言われています。そのポイントは、マイクロソフトのビジネスの優先順位を「クラウド」と「モバイル」に置き、「クラウド」のＡＩ機能とデータ機能で差別化するというものです。

また、マイクロソフトはオフィス関連のソフトに強かったことから、世界中で法人取引の営業体制ができ上がっていました。そこで同社はＢ２Ｃ取引に加え、ＡＷＳと比肩するサービス、ＡＰＩアプリケーションの品揃えを一気に整備しながら、各国のトップ企業向けの圧倒的な営業活動を行ったと聞きます。

一方、アマゾンが小売業でシェアを拡大する中で、小売業をビジネスにするライバル企業からすると、自分たちの営業データをアマゾンに預けることを躊躇する場合もあり、「アマゾンのライバル企業＝マイクロソフトのクラウドユーザー」といった構図もあったと指摘する声もあります。

アマゾンの圧倒的な一人勝ちだったクラウドコンピューティングの分野で、第2位までのぼりつめたマイクロソフトは、劇的な復活を遂げ、２０１８年の時価総額で世界トップに立つことになりました。

産業界のＩｏＴ化をリードするマイクロソフトのクラウド

マイクロソフトのクラウドコンピューティング・サービスは、産業界のＩｏＴ化で活用されるケースも多く見られます。

例えば、マイクロソフトは民間航空機用エンジンメーカーのトップ3に入るロールス・ロイスと組んで、航空機エンジンを対象とした産業用ソフトウエアの分野へ事業領域を広げています。

クラウドサービス「マイクロソフト・アジュール」を活用して、ロールス・ロイスのエンジンに搭載した数百のセンサーを分析する、エンジンの運用監視システムの開発を支援。修理回数などを減らすことで、航空機運用の効率性を高めることに成功しました。

この航空機エンジンを対象としたクラウドサービスは、ドイツのインダストリー４・０の発信の場でもあるハノーバーメッセで、実物の巨大なエンジンとともにお披露目され、大いに話題になりました。

米国 3

テスラ

スペースXのロケット制御技術が支えるテクノロジー企業

第1章で紹介した自動車産業の大きな変化ＣＡＳＥ。この新しい動きをけん引してきた企業のひとつが米国のテスラです。

ＣＡＳＥのＥに当たるのがＥＶですが、テスラは、ＥＶに車種をしぼって、ＥＶブームの火付け役になりました。

自動車産業において、ＥＶへの取り組みの歴史は長く、そもそも初めてガソリンエンジンを開発したダイムラーが最初に挑戦したのは、電気自動車でした。その後、石油を使った最大の産業として成長した自動車産業は、世界的な石油利権と深く結びついていき、石油を使わないＥＶなどの新しい技術に立ちはだかる障壁も大きかったといいます。

写真3-C　テスラのモデルS

提供：テスラモーターズジャパン

今や、CO_2削減など、世界的な環境意識の高まりにより、グローバルにその取り組みが始まっているＥＶへの挑戦も、テスラがこの障壁を打ち破り、大きな影響を与えたことは否定できないでしょう。

テスラの設立は、２００３年。翌年、会長だったイーロン・マスクは、ＥＶ事業に参入し、２００６年、シリコンバレーの倉庫を改造した工房（研究所）で、数人のエンジニアたちによってＥＶスポーツカーがつくられました。その販売にこぎつけたのは２００９年。テスラはアップルと同様、シリコンバレーの倉庫で、天才たちがつくったスタートアップ企業だったといえます。

２００８年、リーマン・ショックが世界を覆った年に、イーロン・マスクがつくった宇宙ベンチャー企業スペースＸは、ＮＡＳＡから衛星打ち上げロケットの製造の契約を取得し、この資金でテスラを支援したとの見方もあります。そして２０１０年、ゼネラル・モーターズ（ＧＭ）と日本のトヨタ自動車から、シリコンバレー近隣にあるフリーモントの工場を買い取ります。この工場で、セダンタイプのＥＶ「モデルＳ」の製造を開始して、２０１２年には上場を果たし、このモデルＳは米国の自動車雑誌で年間最優秀自動車に選ばれました。イーロン・マスクは一躍、アップルのスティーブ・ジョブズと比較される時代の寵児となります。

　このモデルＳの走行距離は、フル充電後５００～６００キロを達成していて、これは東京―大阪間の距離に匹敵します。

　注目すべきは、モーターを前輪と後輪にそれぞれ2つずつ設置し、コンピュータ統合制御技術で調整して、4輪を駆動・コントロールすることに成功している点です。

　さらに、ハンドル横に設置してあるタブレット大の大型ディスプレイ「タッチスクリーン」で走行モードを選択し、スポーツカーの走りや市内走行モードなど、数種類のパターンを実行できる点も特徴です。スポーツカーの走行性能で言うと、発進時の加速でドイツを代表するポルシェを大きく引き離し、ドライビング・ファンをうならせたといいます。

　イーロン・マスクは本来、コンピュータ制御技術に長けたエンジニアで、彼が経営するスペースＸのロケットの噴射装置を遠隔制御して、地球に戻して着陸させるという、誰も考えつかなかったことを実現した天才です。テスラのモデルＳは、彼のエンジニアとしての考え方が大きく反映された画期的な車だといえます。

この他テスラはＣＡＳＥのＡにあたる自動運転の開発にも取り組み、ソフトウエアの自動アップデートが可能となるレベル２の自動運転支援システム「オートパイロット」を、標準装備しています。

また、ＣＡＳＥのＣに相当するコネクティッドカーについてはというと、実はとても重要で、テスラのＥＶは、すべてインターネットに接続されたコネクティッドカーになっています。ＥＶとしての制御機能のアップデートや将来の自動運転に向けたソフトウエアのアップグレードを、インターネットを使い、ワイヤレスの遠隔操作で行えます。この手法は、ＴＯＡ（トランスファー・オン・エアー／Transfer on air）と呼ばれています。

このＴＯＡの採用は、突き詰めると、購入した車がどんどん最新の制御技術にバージョンアップされ、**型落ちして古くならない**ことを意味します。

「ＥＶのバッテリーが古くなって、交換する必要が出てくるのでは？」と思うかもしれませんが、心配はありません。テスラのバッテリーは、空冷（パソコンがファンで空冷を使っているのと同じ）を使わずに水冷を使っていて、バッテリーの温度の変化を少なく抑えるようコンピュータ制御されています。その結果、タクシー並みの20万～30万キロ走っても、電池の劣化が10％しか進まないともいわれています。

イーロン・マスクはＥＶに特化したテスラを立ち上げるにあたって、「目標は、持続可能

（サステナブル）なエネルギー企業となること」と語っています。家庭用の太陽光システム、蓄電装置、ＥＶをフル動員して、これを目指すという考え方に共感するＥＶユーザーや投資家も少なくないと聞きます。再生可能エネルギー普及の鍵を握るとされる蓄電装置は、日本でもテスラによる販売が本格化する予定で、エネルギー関連市場へ大きな影響を与える可能性があります。

またテスラは、開発したＥＶ基礎技術の特許を２００あまり公開しています。イーロン・マスクは「特許開放による継続的なイノベーションが生まれることを期待する」と、テスラ車以外のＥＶの拡大も期待していると語っています。

時価総額が米国自動車メーカートップに

２０１７年４月、テスラの時価総額が米国のトップ自動車メーカーであるＧＭを上回ったというニュースが世界をかけめぐりました。「テスラといえば、ＥＶベンチャーではなかったの？」と驚きの声があがりました。

かつて、第２次産業革命の象徴とも言われる大量生産で、世界の自動車産業を引っ張ったフォード・モーターの時価総額を抜き、ついに米国のトップ自動車メーカーをも超えたことは、関係者に、デジタル化やＥＶ化などの新しい時代が始まりつつあることを実感させたのです。

テスラは、米国のシリコンバレーに近いネバダ州に総投資額６０００億円とされる世界最大のリチウムイオンバッテリー工場「ギガファクトリー（Gigafactory）」を稼働させ、これまでの高級車に絞ったビジネスモデルから、普及価格帯のＥＶ「モデル３」の発売を始めています。このギガファクトリーでは、日本のパナソニックがリチウムイオン電池の生産を行い、テスラを全面支援しています。

モデル３は、米国や北欧などのミディアムセダン、プレミアムセダン市場で、ダイムラーやＢＭＷの強力なライバルになりました。

一方、米中貿易摩擦の影響を受けて、世界最大のＥＶ市場である中国への輸出に当たっては、輸入関税を負担し、中国での販売価格の値上げを余儀なくされました。この環境下、２０１９年１月、上海にテスラ初の海外工場を着工し、現地生産の最終準備に入っています。

さらに、２０１９年11月、イーロン・マスクは、モデル３がドイツの自動車雑誌の年間ベスト自動車賞を受賞した席で、米国、中国に次ぐＥＶ工場を、ドイツ・ベルリン近郊に建設することを発表しました。モデル３や次世代ＳＵＶ「モデルＹ」に加えて、リチウムイオン電池を製造する工場になるとみられ、大きな注目を集めています。

メジャー自動車メーカーそしてエネルギー企業への道

テスラの快進撃に焦点を当てると以上となるのですが、２０１８年からは、典型的なシリコンバレーの反骨のアントレプレナー（企業家）であるイーロン・マスクに対する評価が分かれるようになりました。

テスラにとって、初の大衆車であるモデル３の予約が50万台に達したところまではよかったのですが、製造当初に、米国で初めての大量生産につまずき、その負荷が経営者であるイーロン・マスクに集中したといわれています。

その後、モデル３の生産体制の立て直しに成功するのですが、２０１８年8月には、上場企業の経営者としては許されない、上場廃止を検討することをツイッターでつぶやいてしまい、米国証券取引委員会（ＳＥＣ）から訴追を受けます。

結局、上場廃止案は取り下げられ、ＣＥＯの立場は守れたものの、会長職の辞職、ＳＥＣへの和解金の支払いに追い込まれるという結果になりました。

世界トップクラスのスタートアップ企業の経営者から、メジャーな自動車メーカーの経営者に脱皮し、世界をリードするエネルギー企業をつくり上げることができるか、今、イーロン・マスクに注目が集まっています。

中国 1

アリババ

中国にデジタル・プラットフォーマーが生まれた

2019年11月11日、中国では「独身の日」といわれるこの日、世界最大のｅコマース企業アリババが運営するショッピングサイトは、年に一度の買い物のお祭りともいえるネット通販の大規模セールを実施。この日、アリババは過去最高の約4兆1000億円に相当する2680億元の売り上げを記録しました。

あまりに大きな数字なので、「年間の売上の間違いじゃないの？」と疑ってしまいますが、これは1日の売上高です。

日本企業も無関係ではありません。前年セールでの輸入商品の国別売れ筋ランキングでは、日本製品が米国製品を抜いて1位になっています。

デジタル上のこれだけの巨大な売買をこなせるのは、アリババが、世界トップクラスのコンピューティングパワーを持っているからにほかなりません。

　２０１４年、アリババがニューヨーク証券取引所への上場で、時価総額がいきなり２３００億ドル（約25兆円）に達し、市場最大の新規株式公開（ＩＰＯ）となり、アリババの名前は、世界中に知られることになります。今や時価総額は４３１５億ドル（約47兆円）、世界第7位にランクされています（２０１９年10月時点）。

　ちなみにＩＰＯの際、日本のソフトバンクが投資家として、強力な支援を行ったことでも知られています。その後のアリババの成長に伴う株価の上昇が、ソフトバンクのビジョン・ファンドの基礎となったと考えられるかもしれません。

　このアリババを設立したのが、ジャック・マーです。彼は、アリババを世界最大の流通額を持つ、中国を代表するトップＩＴ企業、デジタル・プラットフォーマーに成長させました。２０１９年９月のジャック・マーのアリババＣＥＯ退任・引退は、日本でも話題になりました。

　ジャック・マーは世界的に有名な経営者ですが、意外にも以前は、中国・杭州の大学で、時給12ドルの英語の教師をしていました。誤解をおそれずわかりやすく言うと、例えば、日本の金八先生のモデルともいわれる教育評論家の尾木ママがアマゾンの経営者になった、そんな組み合わせなのです。

　彼は、世界最先端のクラウドコンピューティング・サービスを発表するステージに、近未来的なカンフー風の服で登場したこともありました。その姿は、かつてアップルのスティーブ・

図表3-1　これからの企業家、ビジネスリーダーに求められる３つのQ

IQ	Inteligence Quotient	知能指数	どれだけ知的に優れているか
EQ	Emotional Quotient	心と感情の指数	苦難を乗り越える心と情熱があるか。どれだけ、相手の気持ちを思いやることができるか
LQ	Love Quotient	愛情指数	愛情を持った人間か

ジョブズが、Tシャツでステージに上がっていた姿を彷彿させました。

２０１８年、ジャック・マーは、日本の早稲田大学での特別対談に招待されました。参加希望者は４０００人を超え、ライブ配信もされる盛況ぶりだったといいます。

学生たちを前に彼が、これからの企業家・ビジネスリーダーに必要なものとしてあげたのが「３つのQ」でした（図表３－１）。

利益や取引先との関係のことを語る経営者は多いのですが、愛を語る経営者はめずらしいのではないでしょうか？

別のエピソードもあります。ある公開国際シンポジウムで、ステージのジャック・マーに、外国人の司会者が英語のインタビューでちょっといじわるな質問をします。

「オールドエコノミーの企業経営者はこう言います。『デジタル・プラットフォーマーは、自分たちのビジネスを奪いにくる』と。どうお考えですか？」

ジャック・マーは平然と答えます。

「オールドエコノミーのトップ企業は、かつて自分たちよりテクノロジーの劣る企業のビジネスを奪いにいって、今の会社の繁栄を築きました。デジタル技術は、最先端の道具にすぎません。このテクノロジーを使った企業が、今新たな成長を実現していくのは、当然ではないでしょうか？」

司会者は、「なるほど」と答えざるをえません。しかし、さらにいじわるな質問が続きます。

「アリババは、中国の銀行の買収に乗り出すのですか？」

ジャック・マーは、きっぱりと答えます。

「買収するつもりはありません。もし、買収をするのであれば、アリババのデジタルテクノロジーの影響は、買収する銀行１社だけにとどまるのではないでしょうか？

私たちは、このテクノロジーで銀行を支援します。この数年で、銀行はものすごいスピードで新しいテクノロジーを導入することに注力してきました。デジタル技術を使ったキャッシュレス決済や運用手法など、どんどん導入していっています。メリットを得たのは、ユーザーである国民ではないでしょうか。例えて言うなら、虎（アリババ）が追いかけてくると、みんな大急ぎで走り出すのではないですか？」

ジャック・マーのこのジョークに、会場ではドッと笑いが沸き起こったといいます。

アリババを成功に導いた「アリペイ」の決済と信用補完

アリババを理解するために、その成長プロセスも少し見てみましょう。

アリババは、米国のトップデジタル・プラットフォーマーと同じように、誰にも知られていない小さなスタートアップ企業からスタートしました。１９９５年、中国ではまだインターネットが普及していなかった時代。小さな翻訳会社を始めたジャック・マーは、米国のシアトルで、初めてインターネットを目にしたといいます。

そして１９９９年、アリババは杭州のジャック・マーの住居であるマンションを拠点に、わずか18人でスタートしました。

中国では、インターネットの導入は大きく遅れていました。米国と同じように広い国土を持つ中国では、モノを売りたい会社と小売店をインターネットでつなぐことは、とても難しかったと言います。また中国の特徴として、小規模の企業が多数あり、インターネット取引で信用を得ることが難しかったのです。さらに２０００年代前半は、中国では、クレジットカードは普及していませんでした。

このような障壁を打ち破ったのが、アリババのモバイル決済サービス・アリペイです。

具体的なアリペイの仕組みを説明します。

例えば、ユーザーにとって、とても魅力的で、安いおもちゃを上海のX社がつくったとします。これを北京のＡさんが、子どものために買ってあげたいと考えたとしましょう。

Ａさんから見ると「本当に、インターネットの写真どおりのおもちゃがＸ社から送られてくるだろうか？　箱を開けたら粗悪品が出てきて、お金の払い損になってしまうのは困る」と心配になります。

一方、Ｘ社から見ると「今まで取引のないＡさんは、本当に代金を送金してくれるだろうか」と不安に思うでしょう。

しかしアリペイを利用すれば、双方の心配は解消できます。

まず買い手のＡさんと売り手のＸ社は、それぞれアリペイに口座を開きます。これを**エスクロー口座**といいます。

Ａさんはおもちゃを携帯電話で注文、内容を確認してから代金をアリペイのエスクロー口座に振り込みます。Ｘ社はアリペイのＡさんの口座に代金が入っているので、安心しておもちゃをＡさんに送れます。

ポイントは、第三者であるアリペイが間に立って、信用を補完するところです。これで、売り手と買い手の間に信頼がないという、ｅコマース最大のボトルネックを克服できます。これは、決済と信用の仲介機能を果たしていることから、金融機能そのものといえます。

ここでは、アリペイの決済の仕組みを、いわゆるＢ２Ｃ取引で説明しましたが、Ｂ２Ｂ取引、つまり買い手のＡさんが小売り店でも同じです。アリババのコンピューティングパワーで、膨大な量の売買取引を同時にこなせるのです。

アリペイのモバイル決済は、２００４年のスタート以来、爆発的に広がり、これがアリババのｅコマースの販売高を押し上げました。

フィンテックを活用して総合金融サービスに進出

２０１４年、アリババはアント・フィナンシャルを設立して、アリペイをはじめとする金融サービスを傘下におきました。

現在、アリペイは、ｅコマースの国内外の取引にかかわる購入者と販売者の決済サービスを行いながら、アリババ以外のオンライン決済も請け負っています。光熱費、携帯料金、家賃、授業料など幅広く対応して、ここまでいけば、もう金融機関以外の何者でもありません。アリペイは世界最大の第三者オンライン決済サービスに成長したのです。

２００７年のアイフォーンの発売以来、中国ではスマホが爆発的に普及しています。ローカル系の格安スマホの発売がこれを後押ししました。

スマホはデジタルへのチャンネルです。これが、キャッシュレス化の下地をつくりました。

中国滞在が長い、北京の対外経済貿易大学の西村友作教授に話をうかがうと、「日本では、中国は偽札が多いからキャッシュレスが広がったと解釈する声を聞きます。でも、現地の実感では『ただで、便利』これにつきます。ユーザーにメリットがあるから、急速に広がったのです」と、納得感のある説明をしてくれました。

とくに、導入コストの低いQRコードによる自動決済が一気に進みました。今、中国を訪れてみると、街のスタンドやコンビニ、大衆食堂までQRコードの決済に対応しています。モバイル決済が切り開いた中国のキャッシュレス化には驚かされます。

個人運用に進出、金融機関の巨人が出現

eコマースのみならず、公共料金の支払いまでカバーできるようになって、ユーザーはますますアリペイを利用する機会を増やしています。

中国では、銀行の店舗が不足していたため、公共料金や家賃を支払うたびに長い列に並ばなくてはなりませんでしたが、今ではその手間がなくなりました。西村教授が指摘する、「ただで、便利」というサービスに飛びついたのです。

アリペイは、さらに進化します。個人の運用です。

利用者の口座に余っている資金の運用サービスを開始したのです。アリババは中国の運用会社と提携して、スマホで個人運用できるサービスを開始。今や3億人以上が口座を持つ、資産

運用残高23兆円規模の世界最大のＭＭＦ（マネー・マネジメント・ファンド）運用会社になっています。

メリットを得るのはユーザーなので、中国の当局も原則協力的だと聞きます。

個人のユーザーがメリットを得られる仕組みができたのは、金利が低くても運用が難しかった個人の預金を、デジタルの力で金利が高いＭＭＦへの投資につなげたからにほかなりません。

一方、金融業界全体から見ると、運用収益が中国の銀行からアリババと運用会社のチームにシフトしていることになります。ただ、中国の銀行や金融機関も黙っていません。デジタルテクノロジーを使って個人の運用ビジネスを開始し、急速にキャッチアップしているといいます。

このように勢いを増すアリババの金融サービスは、東南アジア、インド、ロシアをはじめとするユーラシア地域を中心に、ローカル企業や金融機関とウィン・ウィンの関係を築くことを前提に拡大を始めています。近い将来、アリババグループは、地元金融機関と連携しながらアジア・ユーラシアにまたがる金融帝国を築くかもしれません。

スマート製造業への挑戦を宣言

２０１８年9月、アリクラウドのコンピューティング・コンフェレンスが杭州のアリババ本社で開催されました。

杭州は、上海から新幹線で1時間弱のリゾート地。古い歴史を持つ観光地で、日本でも有名な三国志の呉の国があった場所で、孫権の出身地とされています。日本でいえば、京都といったところでしょうか。

杭州の郊外にあるアリババ本社内につくられた大きな会場の入口に、入場ゲートがありました。ところが、地元の中国人の入場者は何も提示せず、そのまま会場に入っていくではありませんか。展示会でおなじみの入館バッジもありません。

実は、顔認証が導入されていたのです。参加者は顔認証ができるように、事前にオンライン登録を行っていて、入場料もモバイル決済で支払い済みだったのです。

中国語の通訳をしてくれたコンサルタントの中国人女性に尋ねてみました。

「自分の顔のデータをアリババに保管されて、平気なのですか?」

すると彼女は笑顔で答えました。

「入口で列に並ぶことなく、手ぶらで、そのまま顔認証で入場できるって本当に便利だと感じます。その便利さを考えると、自分の顔データがIT企業に保管されていても、全然気になりません」

この顔認証の経験について、別途、対外経済貿易大学の西村教授にも質問をぶつけてみました。

「そもそも、個人情報である顔認証用データをデジタルプラットフォーム企業や当局に渡すことに、中国の人は抵抗がないのでしょうか？」

西村教授の答えは、明快でした。

「例えば、自分の家の近所で、どろぼうが入ったとします。場合によっては、自分の身に危険が及ぶかもしれません。この犯人を顔認証で早く捕まえてほしい。そのためであれば、自分の顔認証を出すことに何の抵抗もないと考えるようです。後ろめたいことがない人にとっては、逆に、治安がよくなってよかったと感じています。猛スピードで発展してきた中国社会には、先進国に住む日本人には想像もつかないような問題が山積しているのも事実なのです」

さて、このアリクラウド・コンピューティング・コンフェレンスで、当時ＣＥＯの立場で登場したジャック・マーが、これからアリババが注力する分野としてあげたのが、意外にも、「スマート製造」でした。製造業のデジタル化に、アリババグループが本格的に取り組むというのです。

その真髄は、オンデマンドのマスカスタマイズ生産です。

展示会場のアリクラウドコーナーを訪ねてみると、世界的にも定評のある米国のトップ大手ＩＴ企業でＩoＴの経験を積んだ専門家が、アリババの産業用クラウドサービスの責任者になっていて、ＡＩ分析を駆使し、製造業のデジタル化を推進していくことをうたっていました。

例えば、ＡＩの機械学習によって、エネルギー消費や大型ボイラーなどの設備の稼働率の無駄を導き出すことで、工場全体のエネルギーコストを下げることに成功している事例が紹介されていました。エネルギー分野の効率化は、デジタルテクノロジーとの相性がよく、グローバルに実績が上がっている分野です。

さらに、アリババのクラウドシステムのパートナーとして、エコシステムと呼ばれる企業チームで存在感を放っていたのは、ドイツのＳＡＰとシーメンスでした。

「本当にアリババが、製造業を支援できるの？」と疑問に思う方がいるかもしれません。しかしジャック・マーが語ったビジネスモデル、ＩＴプラットフォーマーが持つコンピューティングパワー、ディレクターが説明してくれたセンサーデータ×ＡＩのアプローチ、エコシステムに集まっている実績のあるドイツのソフトウエア企業、すべてが、「デジタル製造業の成功」を予感させる、説得力のあるものでした。

デジタル世代の若者たちがアリババを支えている

創業直後の１９９９年、ジャック・マーのオフィスとして使われていたアパートは、カップラーメンを食べた後のゴミが床にころがっていて、その横には徹夜でシステム開発をした若いエンジニアが爆睡している。そんな状況だったそうです。そして今でも、その時代のエネルギーは失われていないといいます。

アリババは、グループ会社を多く生み出し、本社から分離・別組織にして、新しいデジタルビジネスをつくりながら拡張しています。

それぞれの分離された若いグループ会社では、創設期同様、ここ一番というがんばり時には、会社の仮眠室で寝ながらがんばる。そして、オフィスを歩けば、億万長者になった伝説の若いエースたちがすれ違う。

「いつか自分も」

夢を目指して、若者たちがチャレンジを続けています。そういった情熱を持った若者たちがアリババの発展を支えているのです。

中国 ２

テンセント

中国最大のデジタル・ハブ、深圳

テンセントは、アリババのライバルとして知られる中国を代表するデジタル・プラットフォーマー企業です。

１９９８年に設立され、今やその時価総額は、３９５７億ドル（約43兆円）となり、第１章で見た世界時価総額トップ10企業（28ページ参照）の８位にランクイン。米国のＧＡＦＡに迫る規模に達しています。

日本を代表するデジタル関連企業の一社である日立製作所が、２０１８年、テンセントとの業務提携を発表しています。

テンセントの本社は、中国のデジタル化をけん引し、今や米国のシリコンバレーとも比較される深圳《しんせん》にあります。深圳はもともと、香港近隣の人口７万人の漁村だったのですが、80年代、鄧小平国家主席（当時）の開放政策で大成功して、今や人口２０００万人の中国を代表するデジタル産業のハブとなっています。

90年代に深圳を訪問したときには、香港よりも安い人件費を売りに、アパレルの製造基地として縫製業が盛んでした。ちょうど建ち始めた高層ビル横の舗装されていない道を、何と馬車が荷物を運んでいて、そのコントラストが強烈な印象を与えていました。

現在、20代、30代の優秀なＩＴエンジニアが闊歩する深圳を見ると、隔世の感があります。では、なぜ深圳は、このような急激な発展を遂げられたのでしょうか。

中国初の経済特区に選ばれ、香港と同様、関税がかからず、生産・輸出ができることが深圳の成長を加速させました。香港の人件費が上昇したことによって、縫製業に次いで、90年代後半から２０００年代にかけて、エレクトロニクス関連の委託製造拠点の機能が深圳にシフト。さらに発展が進み、中国のシリコンバレーとも呼ばれるデジタル都市に飛躍する基礎がつくられました。

ファイナンスについても、香港や台湾など中華系資本のお金と、若いスタートアップのデジタルテクノロジーが金融市場で結び付いて、「デジタル産業のハブ」深圳が生まれました。

ＳＮＳ企業から、フィンテック＆クラウド企業に

このデジタル・ハブで最も成功した1社が、テンセントです。ポニー・マー（馬化騰）が設立しました。アリババ創業者のジャック・マーと同じ馬（マー）という苗字ですが、ＬＱを語るジャック・マーとは対照的。深圳大学コンピュータ学科卒の秀才肌のＩＴエンジニア出身で、バランス型の経営者です。両氏は中国でよく比較される存在です。

テンセントは、もともとはＳＮＳで起業したスタートアップ企業。中国政府のデジタルデータ鎖国によって、米国のチャット企業が実質的に参入できない中、中国国内のライバル企業との峻烈な競争を勝ち抜いて、急成長してきました。

テンセントのコミュニケーションアプリ「ウィーチャット（WeChat）」は、今や、世界２００カ国以上で利用され、２０１９年の月間ユーザー数が10億人に達したといいます。

ウィーチャットは、日本でいうところのＬＩＮＥのようなアプリで、ほぼリアルタイムでメッセージを送り合える機能（インスタントメッセージ）が利用できます。日本では、友人や家族とのコミュニケーションはＬＩＮＥで、ビジネスシーンではＥメール、と使い分けているのが一般的かもしれません。しかし、中国では、ビジネスパーソンのみならず、政府系研究機関のメンバーまでが、あたかも直接会って話しているかのようなスピードで、インスタントメッセージを送り合っています。米国のシリコンバレーなど、ＩＴ企業関係者のコミュニケーショ

ン・スピードにも匹敵するレベルで驚きます。

また、ウィーチャットには、オンライン決済の機能も付いています。それが「ウィーチャットペイ」です。中国の観光客がウィーチャットペイを利用することから、日本でもテンセントの認知度は上がりつつあります。金融決済の分野でもテンセントは、アリババから独立したアント・フィナンシャルと並び、影響力を高めていく可能性が十分あるのではないでしょうか。

例えば、テンセントが本社をおく深圳のある広東省の人口は、1億5千万人で、日本の総人口に匹敵する規模があります。深圳、香港、広州、マカオを総称した「グレーターベイエリア」という呼び方を聞いたことがあるかもしれません。深圳は、香港の背中を追いかけ、金融センターとしてのポジションを狙っていくことになるでしょう。

そして、この金融センターを支えるデジタル技術の部分で、テンセントのキャッシュレス技術やデータを取り扱うクラウドコンピューティングが、重要な役割を担っていく可能性も十分に考えられます。

クラウド型ゲームと医療映像テクノロジー

今や巨大ＩＴ企業に育ったテンセントですが、テンセントで最も収益を上げているのは、どのビジネスなのか、ご存じですか？

テンセントの収入源を見てみると、２０１８年の全利益のうち、最大の25％相当が、スマホゲームの課金などから生まれています。

５Ｇの本格稼働に従って、スマホやタブレットを活用したクラウド型ゲームは、米国のグーグルの参入を見るまでもなく、今後、世界の巨大市場に発展していくでしょう。テンセントも、クラウド事業にも注力する旨を表明しています。また、アマゾンやディズニーなどが力を入れる映像コンテンツ分野も、中国では今後、テンセントがリードしていく可能性が高いのではないでしょうか。

ちなみに中国政府が発表した次世代ＡＩオープンプラットフォームの中で、テンセントのリーダーシップが期待されているのは実は医療映像の分野です。病院と連携して過去の診断データや医師とのネットワークを活用して医療サービスの向上につなげるなど、医療分野でのＡＩを活用するリーダー企業としての役割を担うことになりそうです。

中国 3

ディディ（ＤｉＤｉ／滴滴出行）

北京・中関村を代表するユニコーン企業に成長

深圳が中国のＩＴ産業の西の横綱とすれば、東の横綱は北京の中関村《ちゅうかんそん》エリアです。人口２０００万人のメガシティ・北京の北西、中国のＭＩＴ（マサチューセッツ工科大学）と称される精華大学や北京大学が並ぶ大学エリア近隣に、中関村エリアはあります。

ＴＶ局並みの通信パラボラアンテナが目をひく最先端のエリアに入ると、ＩＴ企業に勤める若者が闊歩し、「ここはシリコンバレー？」と見間違うほどです。この北京の中関村のデジタル産業を代表する企業のひとつがディディ（ＤｉＤｉ／滴滴出行）です。

ディディは配車サービスで世界トップの企業。米国のウーバーと比較されるユニコーン企業です。ソフトバンクが運営するビジョン・ファンドがディディに投資しています。

ユニコーンとは、非上場で時価総額が10億ドル（約１２００億円）以上のスタートアップ企業のことで、世界中のデジタル関連企業が名を連ねています。日本ではＡＩ関連企業での日本の宝とも称される「プリファード・ネットワークス」がユニコーン企業です。

配車サービスで世界トップに

第1章で紹介したスマイルカーブを思い出してください（53ページ参照）。ディディは、自動車を製造・販売した後のサービスとして、新たなビジネスモデルが拡大しつつある配車サービスで世界トップのシェアを握っています。

前著が中国で翻訳出版された機会に、北京に出張したときのことです。出版社に移動するために、ホテルで客待ちをしているタクシーをつかまえたのですが、お世辞にもきれいとはいえない古いタクシーの運転手は、中国語しか話せませんでした。身振り手振りで何とか住所を伝え、大渋滞の中、荒っぽい運転で移動する車内は、地元ラジオの大きな音が垂れ流されている状態で、到着するまで、ただじっと我慢するしかありません。

これに対して、出版社での打ち合わせを終えた後は、中国人の編集長がアプリを使い、ディディのハイヤー配車サービスで車を手配してくれていました。アプリで支払いの手続きも済ませてあり、出版社に到着した車の運転手はすでに行き先のホテルの住所もわかっていて、乗客の私は乗るだけ。プロフェッショナルなドライバーの運転も快適でスムーズ、社内は静かで、シリコンバレーで経験したウーバーを思い出しました。

北京は、ニューヨークやモスクワにも匹敵するスケールの大きい街で、世界有数の大渋滞が常態化しています。そのため、タクシーをつかまえるには、ディディなどの配車アプリを使うのがごく普通になっています。

ディディは２０１２年、アリババグループのアント・フィナンシャルの幹部だった程維（チェン・ウェイ）が設立したスタートアップ企業です。開業した直後は、北京市内のタクシー会社を一軒一軒回って、苦労しながら配車サービスの運転手を募ったといいます。成長のきっかけは、２０１５年のテンセントとの協働でした。

デジタルテクノロジーをフル活用して、運転手へのボイスメッセージでの配車を実用化した他、ＡＩを使ってドライバーと乗客をマッチングして、待ち時間を減らしました。

アリババグループや中国に進出してきた米国大手ウーバーとの峻烈な競争を勝ち抜いて、現在は、テンセントのみならず、アリババ、ウーバーの出資も受けているディディ。登録運転手は２０００万人、毎日２５００万～３０００万人分のオーダー数を世界４００カ所以上の都市でこなす世界最大のライドシェア会社に成長しています。

「ＡＩ×ビッグデータ」を徹底活用して
スマート交通インフラに進出

ディディの特徴は、ＡＩ×ビッグデータの活用です。設立後わずか7年で、従業員数1万人規模に拡大したことも驚異的ですが、その半分に相当する５０００人規模のエンジニア、データサイエンティストを抱えているといいます。

北京のデータセンターには、世界中のディディの契約車の走行データが収集され、ＡＩを進化させています。

刻々と変化するタクシーのニーズ予測が、ヒートマップと呼ばれる色の濃淡で、地域ごとに表示されます。ＡＩによって15分後のニーズが予測され、走行中のタクシーを自動で誘導することも可能です。この配車部分がＡＩにより自動化され、最適化されるところに、ディディのサービスの強みがあります。

配車サービスが必要なユーザーにとって、最も大切なポイントは、待ち時間の短縮でしょう。それは近くに配車サービスの車がいることが前提になります。そのため、ＡＩがヒートマップを使って、ユーザーのニーズに最適化するよう契約ドライバーを誘導しているのです。

２０１８年、ソフトバンクと提携し、大阪府内のタクシー配車で日本市場に参入。２０１９年、東京のタクシー配車にも参入しています。ソフトバンクと契約しているスマホでグーグルマップを検索すると、ウーバー、ジャパンタクシーと並んで、ディディを選択できるようになりました。

さらにトヨタ自動車が、２０１９年、ＭａａＳ分野の実証実験で、ディディとの提携を発表しています。

また、ディディは、ＡＩ×ビッグデータの活用をさらに進化させています。ディディ・スマート交通ブレイン（交通大脳）と呼ばれる、交通インフラの分析やスマート信号機の運用実験プロジェクトを、交通当局と協働で、中国20都市で開始しています。

もしかしたら近い将来、自動運転技術を実用化する企業と組んで、ロボットタクシーの配車サービス・ビジネスに乗り出す可能性もあります。ディディは、ＭａａＳ市場の大きなプレーヤーとして今後も注目される企業といえます。

日本 1

デンソー

第二の創業で世界の自動車産業に貢献

第4次産業革命の時代に、日本を代表する自動車部品メーカーとして注目されるのはデンソーです。連結の従業員数は約17万人で、本章のドイツ編で取り上げたボッシュに次ぐ世界第2位の売上高を誇る自動車部品メーカーです。

デンソーはトヨタグループに属していますが、「なぜ、グループ企業の中で一番大きなデンソーには、『トヨタ』ってついていないのだろう?」と疑問に思う方もいるかもしれません。

2019年、創立70年を迎えたデンソーは、もともとトヨタ自動車の電装品部門でした。トヨタから独立する際に、日本の自動車産業の基礎をつくったトヨタ自動車創業者である豊田喜一郎氏から、「自動車産業全体に貢献する」というミッションを託され、社名からトヨタを外し、日本電装としてスタートしたといいます。

今や、海外の自動車メーカーをはじめ販売先を拡大して、トヨタグループとそれ以外の企業取引の比率が拮抗するレベルまで成長。日本の自動車産業界のみならず、世界の自動車産業界へ貢献する企業へと発展しました。

そして、自動車業界が１００年に一度の変革期を迎えて、デンソーは、現在を第二の創業と位置づけ、トヨタグループを支えながら大変革を始めています。

工場のＩｏＴ化に世界レベルで挑戦

デンソーは、世界38の国と地域に展開する１３０の工場で、工場のＩｏＴ化プロジェクトを開始しています。

世界規模で広がるデンソーの工場は、２５００の生産ライン、生産設備15万台とも言われます。２０２０年までにこれらすべてをつなぎ、世界中のスタッフがあたかも、ひとつ屋根の下にいるかのような工場を実現して、グローバル全体で生産性を２０１５年比30％向上させることを目指しています。

デンソーが目指すＩｏＴファクトリーは、その変化に応じて、ＩｏＴシステムを活用するレベルをラインや工場ごとに5段階に設定しています。

レベル１「リアルタイム情報がまず見える」
レベル２「正常・異常のアラームを発信する」
レベル３「蓄積したデータから予知・予測する」
レベル４「データに基づき自立制御させる」
レベル５「止まらない、不良品をつくらない源流良化」

工場の問題そのものをなくすことは、人の気づきによって可能といいます。

このプロジェクトの背景にあるのは、「人間が管理していた項目で、機械に任せられる項目は機械に任せる。熟練者の知恵や勘を『見える化』する。そのうえで、デジタルの力を活用して世界の製造拠点の従業員の意識を『改善、新規事業』の方向へ変えれば、人間の知恵を付加価値を高める活動へシフトできる」という考え方だといいます。

ＩｏＴを製造現場に活用していく目的を、デジタルによる自動化という一面的なアプローチではなく、「人と機械が共創しながら付加価値を上げていく社内システムをつくっていくこと」に置いている点は、「モノづくり人材」の育成を大切にしてきた日本流のアプローチといえます。

工場のＩｏＴ化に、日本の優秀な製造現場スタッフだけでなく、グローバルな工場スタッフ全体で取り組んでいる点は、大いに注目されます。

ドイツで注目された小型ロボット

２０１９年4月、インダストリー４・０のテクノロジーが世界的に発信されるドイツのハノーバーメッセ内産業用ロボットの展示ブースで、デンソーウェーブが商品化した小型ロボットに注目が集まりました。この小型ロボットの名前は、「ＣＯＢＯＴＴＡ（コボッタ）」といいます。

例えば実験室や自宅のガレージでも使えるという人の腕（ひじから手先）ほどの大きさのロボットで、名前はかわいらしいのですが、今後進むデジタル化の観点から見ると、大きな潜在力を秘めています。

もともとデンソーのロボット開発は、自社工場の自動車部品の製造の効率化や、３Ｋ（きつい・汚い・危険）作業からの解放を目的に始まって、その歴史は50年に及んでいます。この小型ロボットが打ち出しているのは、人と協働する、いつでも、どこでも、簡単に使えるロボットです。

工場でも、設備を小型化すれば、操作や取り回しが楽になって、段取りが早くなり、低コスト化が実現します。ハノーバーメッセのデモンストレーションでは、コボッタ４台が協調して、医薬品の研究現場で作業する展示を行っていて（写真3-D）、今後、ＡＩを活用することにより、大きな発展の可能性があると感じさせるものでした。

写真3-D　デンソーウェーブの小型ロボット「COBOTTA」

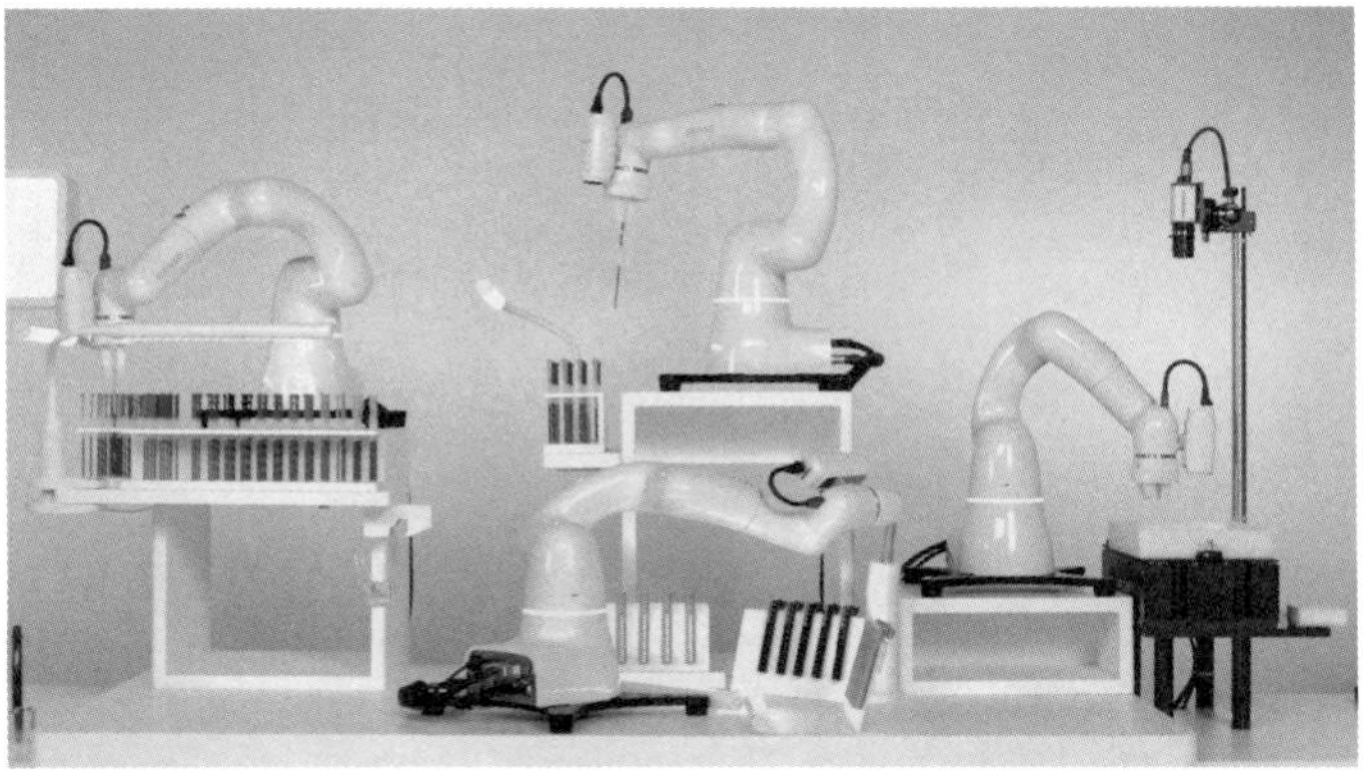

提供：株式会社デンソーウェーブ

コンピューティングパワーが今後さらに拡大していくことによって、制御するコストが下がっていくのは、工場で稼働する大型産業用ロボットだけではなく、３Ｄプリンタや小型ロボットも同様です。そうなれば、この小型ロボットのニーズは、新薬開発の実験や小売店などのサービス産業での作業など、拡張していくのではないかと考えられます。

自動運転やＭａａＳへの挑戦

次に、デンソーのモビリティのサービス化、自動運転やＭａａＳの分野に注目してみます。

２０１９年５月、デンソーは、世界トップシェアを占めるクラウド企業のＡＷＳとＭａａＳ分野での提携を発表しました。

デンソーは、ＡＷＳと組んで、２０２１年を目途に、ＣＡＳＥのＣにあたる「コネクティッドカー」やＭａａＳ関連サービスの提供を、米国市場向けに開始するというものです。

ＡＷＳは、世界最大のクラウドコンピューティングを提供する企業として、第１レイヤーのプラットフォーマーに成長したことは、本章の米国編で紹介した通りです。

また、これに先立ってデンソーは、２０１９年1月に米国のラスベガスで開催された家電見本市「ＣＥＳ／２０１９」で、ＭａａＳ向け車載コンピュータのプラットフォーム「モビリティＩｏＴコア（Mobility IoT Core）」を公開しました。ＭａａＳで必要となる新たなコネクティッド技術を、車載コンピュータとして処理能力を高めたと説明されています。走行する自動車側でデータをできる限り処理することで、クラウドに送信するデータを減らし、クラウド側の負担を軽減することができます。

モビリティＩｏＴコアは、車両の位置情報や車速、操舵、アクセル、ブレーキなどのデータを収集するだけでなく、それを自動車側で加工し、クラウドとの連携を図ることを目指しています。

東京ベイエリアに続々と集まるデジタル拠点

今、東京ベイエリアに、トヨタグループの次世代モビリティ、ＣＡＳＥやＭａａＳビジネスを実現するためのキーメンバーが集結しつつあります。

グループの中核となるトヨタ自動車は、シリコンバレーに設立した人工知能研究所ＴＲＩ（Toyota Research Institute）の成果を実装するため、東京に、デンソー、アイシン精機それぞれから５％ずつの出資を受けて、ＴＲＩの子会社となるＴＲＩ‐ＡＤを設立。トヨタ自動車がけん引するモビリティプラットフォームであるトヨタＭＳＰＦ（モビリティ・サービス・プラットフォーム）を実装していく動きが加速すると考えられています。

この動きに前後して、２０１９年４月、自動運転の制御技術の外販に乗り出すことを発表していたデンソー、アイシン精機、アイシン精機子会社のアドヴィックス、ジェイテクトの４社が、合弁会社「ジェイクワッド・ダイナミクス（J-QuAD DYNAMICS）」を設立しています。この新会社は、ＡＩの判断をもとに、車のハンドルやアクセル、ブレーキなどを素早く正確に自動で動かす付加価値の高い車両統合制御システムを開発する予定です。親会社から委託を受ける形でソフトウエア開発を進め、トヨタ自動車に限らず、日本や海外の自動車メーカーにサービスを提供することを発表しました。

またデンソーは、２０１８年、東京地区に新オフィス「Global R&D Tokyo」を開設。先端ＡＩやソフトの開発を行うエンジニアの獲得を行い、先端技術、先端モビリティシステムの企画、開発、都市型自動運転の実証を推し進める取り組みを始めました。２０２０年６月には、開発した自動運転などの実証実験を行うため、羽田空港跡地でのテストコースをスタートさせる見込みだといいます。

さらにＣＡＳＥを支えるハード部分である車載半導体の分野では、デンソー、トヨタ自動車は、次世代の車載半導体の研究・開発を行う合弁新会社を、２０１９年７月、愛知県のデンソー先端研究所内に５００人規模でスタートさせることを発表しています。

まさに、第二の創業期ともいえる活発な動きを見せるデンソー。トヨタ自動車やグループ企業と連携しながら、グローバルなモビリティのデジタル化・サービス化の分野でも、世界標準を獲得しにいくメガサプライヤーとして、今後も大いに注目されます。

日本 2

ヤマザキマザック

スマート工場を工作機械で実現

日本が世界に誇れる産業のひとつ、それは工作機械に代表される設備機械産業です。

工作機械は、製造データを取り込むスマート工場の中でも、製造プロセスの中心的な役割を担う基幹インフラともいえます。第2章で紹介したサイバーフィジカルシステム（ＣＰＳ／94ページ参照）の中で、フィジカルの工場現場とデジタルをつなぐ重要な役割を果たします。

２０１７年、世界を代表する工作機械メーカーのひとつヤマザキマザックは、愛知県の本社にスマート工場を稼働させました。「マザック・アイスマート・ファクトリー（Mazak iSMART Factory）」と呼ばれるその工場は、「工作機械が、工作機械をつくる」画期的なＩｏＴ工場です。製品である工作機械を製造するＩｏＴ工場を自ら開発、稼働させ、「すべての生産活動をデジタルデータ化」して、品質・生産性向上などの付加価値、結果を生み出しています。

写真3–E　ヤマザキマザック本社のスマート工場

提供：ヤマザキマザック株式会社

そして、そのＩｏＴ工場のノウハウや使用する通信機器を、ソリューションとして製品化・サービス化して、顧客に販売する体制を整えています。

製造業である自分たちの工場をスマート化して、多品種少量生産などのマスカスタマイズ生産を実現し、納期短縮や経済的なメリットなど結果を出す。そのメリットをソリューションとして顧客と共有するビジネスモデルは説得力があります。

２０１９年11月には、岐阜県美濃加茂市の２つの工場をデジタル統合、スマート工場化し、本社工場の延べ床面積の５倍規模の工場で、生産性を１・５倍に向上させたといいます。

世界を代表する工作機械メーカーのデジタル企業への挑戦

ヤマザキマザックは、工作機械などの製品輸出比率が8割を超えるグローバル企業。２０１９年に創業１００周年を迎え、ドイツ編で紹介したボッシュ同様、非上場を貫きながら、世界市場をリードする工作機械メーカーに成長してきました。

１９７４年の米国工場稼働で、日本の工作機械メーカーの海外生産の先陣を切り、１９８１年には、本社工場で、夜間でも稼働する世界初の工場の無人化を実現しました。最先端の無人化した工場の報道を見たイギリスのサッチャー首相（当時）が、自ら英国工場進出を要請、これが実現したというエピソードも残っています。

本社ＩｏＴ工場に入ると、広い工場内に作業者は数人ほどしかいません。無人の自動搬送車ＡＧＶ（Automatic Guided Vehicle）が製造中の部品を運んでいきます。

米国の通信機器メーカー大手・シスコシステムズと共同開発した、工場の機器でデータ処理を行うエッジコンピューティング装置を使って、設備機器を安全にネットワーク接続。データを吸い上げ、工場の稼働状況の可視化を実現しました。本社工場だけではなく、工作機械を製造する世界各国の工場の稼働状況も、リアルタイムで見える化されています。

スマート工場実現へのロードマップ

ヤマザキマザックのスマート工場への取り組みは、５つのフェーズのロードマップで構成されています。

第１フェーズは、サイバーセキュリティを高めた設備機器のネットワーク接続と可視化です。エッジコンピューティング装置を使って、メーカーやモデルの新旧を問わず、センサー情報を含めた工場全体の設備機器の稼働データ情報を全社的に共有・可視化します。同社の海外、国内工場10拠点で、すでにこの装置を稼働させているといいます。

第２フェーズでは、収集したデータをビッグデータ化し、分析を行うことで生産性の向上や予防保全などに活用。

第３フェーズは、システムの連携を深め、各工程や工場全体の最適化を図る段階です。本社工場では、企業経営システム（ＥＲＰ）に、生産実行システムや自動化・物流システムなどを接続、高度な連携ネットワークを構築しています。

第４フェーズでは、熟練工のノウハウを数値化し、機械学習をはじめとしたＡＩ技術によって製品や生産システムの最適化に取り組みます。現在、ヤマザキマザックは、このレベルにチャレンジしていて、第２章で紹介したデジタル・ツインと言われる技術を活用した加工シミュレーションによる新たな取り組みを行っています。

第5フェーズでは、自律的に進化しつづけるMazak iSMART Factoryの近未来ビジョンが示されています。

今、世界で進む第4次産業革命は、製造業のデジタル化を促進し、マス・カスタマイゼーションの実現や、ローカル基地局を使った5G対応のスマート工場への実証実験が世界的に始まっています。これは工作機械メーカーにとっても、大きな環境変化といえます。

ヤマザキマザックは、この変化をチャンスととらえて、デジタル化を積極的に推し進めながら、さらに世界市場をリードしていこうと注力しています。

日本 3

ファーストリテイリング（ユニクロ）

グローバル企業に飛躍するファーストリテイリング

第４次産業革命による大変革を認識して、積極的な取り組みを始めている企業があります。「ユニクロ」ブランドを持つファーストリテイリングです。

ファーストリテイリングは、ユニクロブランドの国内店舗２０００店超、海外店舗が１２００店を超え、全ブランド店舗が約３５００店、売上高２兆円を超える世界第３位のアパレル企業に成長しました。海外売り上げは日本国内の売り上げを超えて、グローバル企業に急速にシフトしています。

日本では、人口減少でマーケットやビジネスの縮小リスクを心配する声や、アパレルはブームの移り変わりに影響されて在庫や売れ残りを出しやすい難しいビジネスという旧来の常識がありました。これらを打ち破って、果敢に世界市場を奪いにいくファーストリテイリングは、日本発のグローバル企業です。

同社の「高品質のもの」を「すべての人に」というビジョンは、世界各国で認知され始めています。

例えば、品質にうるさい欧州でも、寒冷地であることから、自家発電する素材を使ったインナー「ヒートテック」や「ウルトラライトダウン」という超軽量のダウンの評価は高いと聞きます。私も冬の欧州に出張する際は、小さな袋にすっぽり入ってしまうこの軽量ダウンを手放せないユーザーのひとりです。

「有明プロジェクト」で「情報製造小売業」に変革

2018年3月、ファーストリテイリングの柳井正会長兼社長は、ユニクロの本部を東京ベイエリアの有明に移転。働き方を抜本的に変革しながら、物流のスマート化を進め、「製造小売業」から「情報製造小売業」に変革する「有明プロジェクト」を発表しました。

この情報製造小売業を説明するために、柳井会長は、「服の世界で、モノづくりとインターネットを融合した革命を起こしたい」と説明しています。

これまでファーストリテイリングは、企画、デザイン設計、生産、販売という一連のプロセスを一貫管理する「製造小売業」のビジネスモデルをグローバルに実現してきました。

「ファーストリテイリングは、自社工場を持たないファブレス（英語で『工場を持たない』の意味）経営で、委託生産ではないの？」という疑問の声があるかもしれません。しかし、バリューチェーン全体で見れば、ファブレスかどうかは、生産が自前の工場か委託の工場かの違いでしかありません。そのプロセスに大きな違いはないからです。ＰＯＳ（販売時点情報管理）を始めとする販売情報の蓄積から生産・販売計画を立てて、デジタル化されたデザインを活用すれば、アパレルでも「製造小売業」は、十分実現可能といわれています。

ファーストリテイリングはさらに、「製造小売業」から「情報製造小売業」へ変わるため、まず物流・ロジスティック部門の大改革を本社に新設した有明物流センターで実行します。

パートナー企業として、物流の世界最先端技術を持つとされるダイフク社と提携。第１号となる有明物流センターで、商品の自動積み下ろし「ＲＦＩＤ」を活用した検品の完全自動化、３Ｄレベルの自動入出庫などに取り組みます。この結果、ｅコマース向け倉庫での顧客オーダーから出荷までの所要時間が、従来の８～16時間から、15分～１時間まで短縮することに成功しました。今後、この成果をもとに国内外の倉庫の自動化に取り組んでいく予定だといいます。

グーグル系クラウド企業と提携

ファーストリテイリングは２０１８年9月、米国のグーグル傘下のクラウド企業との提携を発表しています。ＡＩの機械学習、画像認識など、最先端のデジタルテクノロジーを活用し、商品のトレンドや具体的な需要を予測するシステムの構築を進めるといいます。

第2章のサイバーフィジカルシステム（ＣＰＳ）、本章のアディダスのスピードファクトリーで紹介したループ図を思い出してください（図表2-7／91ページ参照）。

まず、ＡＩ×ビッグデータの活用が最も進んでいるデジタルマーケティングに取り組み、世界各国、各地域の市場データを分析。そのデータをもとにした服をデジタルベースでデザインしたり、製造発注・在庫管理の最速化を図るなど、シームレスな「情報製造小売業」を実現していく可能性は十分あるのではないでしょうか。

経営者にとって第４次産業革命で重要なこと

第４次産業革命で企業を大きく変化させていくためには、企業経営者自らがＡＩ×ビッグデータについて、デジタルテクノロジーやその実装化について、知識・リテラシーを高めることが重要であると指摘されています。この観点から言えば、ファーストリテイリングを率いる柳井会長は、世界トップクラスのＡＩ研究者からも「世界最先端の技術や知識を高めることに注力している経営者である」と高く評価されていると聞きます。

海外関係者から、日本の企業経営者はＡＩなどのテクノロジーの情報収集を、プレス情報や自社の技術部門からのフィードバックに頼る傾向が強いと指摘されることが多くあります。そんな中、柳井会長自らが海外の科学者の声に直接耳を傾けていることを聞くと、アパレルの世界市場でトップ企業を目指すファーストリテイリングの戦略も理解できます。

柳井会長は、「インターネットとＡＩの進化で、第４次産業革命と呼ばれる産業の変化にとどまらず、人々の生活そのものが根底から変わる革命が地滑り的に起こる」という見方を述べています。

グローバルに見れば、アパレル業界でも製造分野でのデジタル化が急速に進んでいます。ファーストリテイリングがチャレンジするデジタルマーケティング分析、物流を含めたデジタル化と最適化によって、同社の「高品質の製品を、グローバルに、圧倒的なスピードで提供していく」という動きは加速していくでしょう。そして「情報製造小売業」が実現するとき、同社がグローバル市場でのトップ・アパレルブランドとして飛躍している可能性は十分あるのではないでしょうか。

デジタル化で、世界トップブランドに挑戦するファーストリテイリングの今後の取り組みから目が離せません。

インタビュー

ドイツ ローランド・ベルガー　名誉会長

ローランド・ベルガー氏

第4次産業革命で問われる企業経営者

欧州最大のコンサルティングファームとなるRoland Berger社を1967年創立。2003年まで最高経営責任者を務める。ドイツ政府評議会、内外企業の経営監査委員会等を歴任。2010年から現職。かつて、ドイツ経済エネルギー大臣への就任要請を断り、コンサルタントとして企業経営者や政府ブレーンとしての姿勢を貫いたともされるドイツ経済界の重鎮。Roland Berger社は、ドイツにおけるインダストリー4.0プロジェクトの構想と立ち上げを支援した戦略コンサルティングファームとして知られている。

第4次産業革命で問われる企業経営者

尾木　世界的に第4次産業革命への取り組みが進んでいます。ダボス会議を主催する世界経済フォーラムも、ドイツのインダストリー4・0の考え方に共鳴して4th Industrial Revolution（四番目の産業革命）と呼んでいますね。日本でも、第4次産業革命と呼ぶことも多くあります。このような大きな変化の時代に、企業にとって重要なことは何でしょうか？

ベルガー　経営者が最も大事だと考えます。トップ自らがこの第4次産業革命やデジタル化の本質を見極め、企業を率先して引っ張る必要があります。

IoTは、資源や材料の調達から、企画設計、生産、物流、サービスまで、バリューチェーン全体をつなげていきます。最適化、効率化が進み、バリューチェーン全体の短縮化が進みます。付加価値を生まない中間業者は、淘汰が進んでいくでしょう。企業経営者は、テクノロジーを積極的に活用して生産性を高め、より革新的で価値の高い製品、サービスを生み出す必要があります。

尾木　そのような動き方をしているドイツ企業の経営者をあげるとすれば、どなたですか？

ベルガー　そうですね。例えば、ボッシュのフォルクマル・デナーＣＥＯがあげられます。この大きな変化を理解し、ビジネスモデルを変革しながら、ボッシュグループのデジタル領域のテクノロジー水準を高めていると思います。彼をよく知っていますが、同社のテクノロジーの高さ、アプローチは、ドイツトップクラスと感じています。

１９８０年代のドイツ企業の「日本もうで」

尾木　ベルガー会長は日本通と伺っています。来日されるタイミングは、桜の季節、紅葉の季節が多いと聞きます。日本が一番美しく、訪問するのにベストなタイミングを、よくご存じですね（笑）。

ベルガー　実は、30年以上、毎年日本を訪問しています。１９８０年代まで、日本の生産技術や経済成長の秘密を学びたいと、「日本もうで」をするドイツ企業や政府関係者がたくさんいました。例えば、トヨタのかんばん方式（リーン生産システム）から学んだドイツ企業は多いのです。

そして今、第４次産業革命の中で、製造、サービス業のあり方が問われていると思います。この変化に積極的に取り組むドイツのリーダーは、先ほどあげたボッシュの他、シーメンスやＳＡＰなどの企業です。シーメンスはオートメーションの分野、ボッシュはモビリティとＩｏＴ、ＳＡＰはソフトウエアのディベロッパーとして重要だと思います。

ＩｏＴのプラットフォームとしては、世界中でさまざまなものができていますが、日本とドイツで連携するというアイデアもあるでしょう。

製造業の分野のＩｏＴは、機械同士のつながり（Ｍ２Ｍ）を重視して、どうしても新しい機械に目が行きがちです。しかし私は、既存の機械との連結性も重要だと思います。

先ほど名前をあげたボッシュは既存の機械との連結性が優れています。ボッシュの収入は、自動車関係が60％、その他が約40％であり、デジタルトランスフォーメーション分野を含めて、自動車関連以外の分野にも力を入れています。

日本とドイツの企業はＢｔｏＢで世界のデジタルリーダーに

尾木　機械やロボットにおいても、中国企業の力が拡大してきているとの指摘が増えています。

ベルガー　その通りですね。中国は今、技術力を伸ばしていると思います。第４次産業革命をグローバルに見ると、米国や中国はＢｔｏＣにフォーカスしています。

一方、日本やドイツはＢｔｏＢのビジネスに力を入れていて製造業のマーケットリーダーになり得ると思います。米国や中国にはない強みを発揮することができるのではないでしょうか。

尾木　ドイツは、産官学の連携が非常にうまくいっています。ドイツの産官学が取り組むインダストリー４・０プロジェクトやデジタル化について、リーダーをあげるとすれば、どなたでしょうか？

ベルガー　ドイツのデジタル化への挑戦については、ドイツ工学アカデミー（Acatech）がドイツ政府にもアドバイスしています。ヘニング・カガーマン会長はこの分野に最もくわしい人物の一人ですね。元ＳＡＰの社長として、デジタル化を推進するＳＡＰとの関係も良好です。

問われるデジタル時代のEducation Initiative（教育への取り組み）

尾木　日本とドイツの共通の課題は、何だと思いますか？

ベルガー　ドイツも日本も高齢化社会になっていて、労働人口の減少が懸念されています。既に若者と高齢者が人口に占める比率が同じくらいになっている。そのため、ＡＩや、ＩｏＴのテクノロジーは労働力を補完するものであるべきと考えます。

　こうした背景を受け、両国はEducation Initiative（教育への取り組み）を進めていかなければならないと思います。第４次産業革命のもたらす大きな変化は、誰も想像しなかったほど、急激で根源的な変化になるはずです。この変化に対応していくには、政府と民間企業が連携して、既存の労働者の再教育をする必要があります。
年輩者も雇用期間が延びて、70代まで仕事をする人が出てくるのではないでしょうか。若者はプログラミングなどを学んでいますが、年輩者にも生涯学習が必要です。そして、雇用確保の問題も重要だと思います。

デジタル時代の先進国の責任とは

ベルガー　それから、ドイツも日本も、途上国をこのデジタルテクノロジーで発展させる支援をすべきと考えます。それが先進国の責務ではないでしょうか。
　今後成長することが期待される国としては、インドに注目しています。十数億人の人口があり、ＩＴ事業に強い人材が豊富なことも特徴です。

尾木　自動車も、１３０年の歴史と同じだけの変化が今後20年で起こると予想されています。

ベルガー　その通りだと思います。世界トップクラスの自動車産業を持つ、ドイツ、日本の自動車メーカーや自動車部品メーカーは、モビリティの変化に対応しながら、これから大きく変わっていくはずです。
　見方を変えれば、若い世代を含めて、こんなにチャレンジできる時代はないのではないでしょうか？　夢を持って思うぞんぶん世界をリードしていってほしいと思います。

第 4 章

各国の第 4 次産業革命の取り組み

1 ドイツ　～デジタル・バリューチェーンへの取り組み～

水平方向のデジタル連結でバリューチェーンをつなぐ

ドイツのインダストリー4・0が国家プロジェクトとしてスタートした狙いの中で、最も重視されたのは自動車産業だといわれています。その自動車産業は、今、つくって売るという時代から、移動をサービスとして提供するMaaS（モビリティー・アズ・ア・サービス／60ページ参照）までカバーする時代へと進化が始まっています。

一方、自動車工場のモノづくりの部分に注目すると、ドイツでは、デジタル化をバリューチェーン全体で行うことが重要だと考えられています。

インダストリー4・0プロジェクトで、水平方向の連結と表現されるアプローチです（図表4－1）。

図表4-1　インダストリー4.0が目指すスマート工場の水平連結

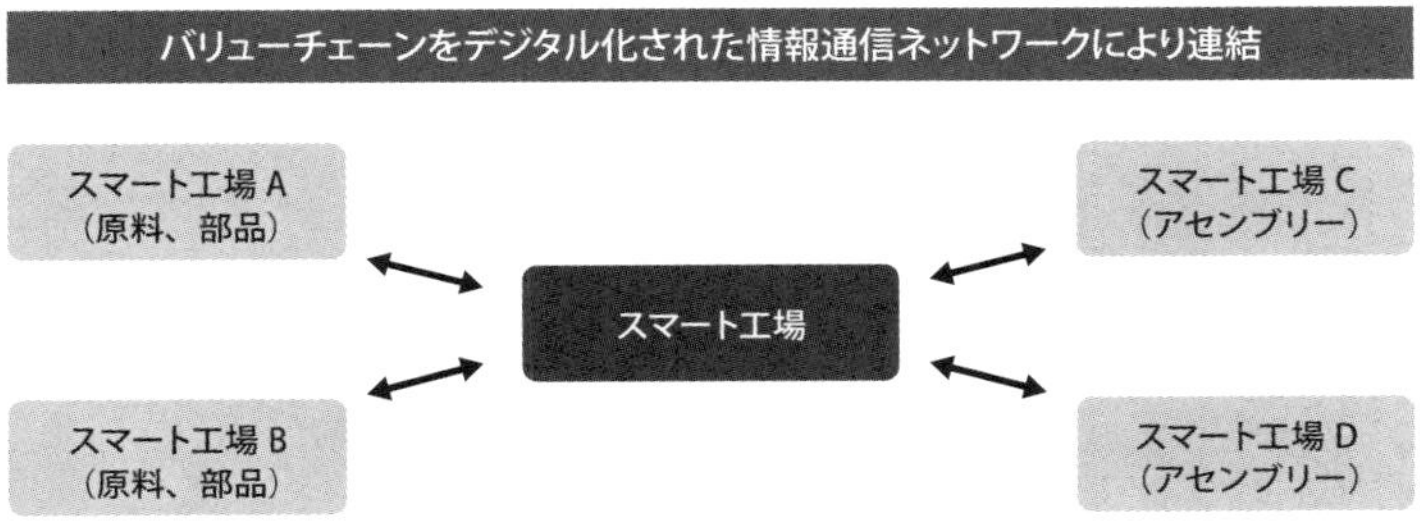

大学の大変革が加速させる「中堅・中小企業４・０」プロジェクト

　このデジタルバリューチェーンを実現していくには、大企業だけでなく、中小企業のデジタル化がポイントになってきます。

　中小企業のデジタル化を重視したドイツ政府は、インダストリー４・０プロジェクトを推進する中で、**ミッテルシュタント　４・０プロジェクト（Mittelstand 4.0）**を打ち出しました。ドイツ語の「ミッテルシュタント」とは、日本語で「中堅・中小企業」という意味です。

　ドイツには「**隠れたチャンピオン**」と呼ばれる中小企業がたくさんあります。これは、会社間の取引、ＢｔｏＢ取引を得意として、個人消費者に必ずしも名前を知られていなくても、世界トップクラスの技術を持つ中小企業を指します。

　ドイツ政府は、この中堅・中小企業に対するプロジェクトの一環として、ドイツの産業集積地に、中堅・中小企業がインダストリー4・0のデジタルテクノロジーを実体験できるテクニカルセンターを設置しました。

注目されるのは、このテクニカルセンターの実質的な運営を、ドイツ各州の中核となる工科大学や応用研究機関であるフラウンホーファー研究所などが行っている点です。大学や研究機関のデジタル製造技術の専門家が、このテクニカルセンターの職員を兼務しているケースも少なくありません。中堅・中小企業の現場スタッフにデジタルテクノロジーについて説明するのは、工科大学などの若い研究生や工学部の学生たちなのです。

そこでこんな疑問を持つ方もいるでしょう。

「大学の先生や研究生が、テクニカルセンターの職を兼務するなんて、普通なのかな？　そもそも、民間の会社をサポートする仕事を大学関係者が本気でやってくれるの？」

日本ではほとんど知られていませんが、実はドイツは大学の大改革に取り組んできました。例をあげると、ドイツ政府が主導して、大学の応用研究の教授や講師たちの人事評価基準を変更するという大胆な改革を進めています。大学の持つノウハウで企業の活動を支援する先生を評価する一方で、論文だけ書いて、企業のイノベーションに無関心で、支援をしない先生は、大学の重要ポストに抜擢はしないという思い切った取り組みです。産学連携を推進するため、大学組織の人事評価から抜本的に変えているのです。

ドイツの大学の教授が、欧州最大の応用研究機関であるフラウンホーファー研究所の所長を兼務するケースが多いのも、このような大学改革の結果です。

中小企業のデジタル化を支援する予算の一部は、大学や研究所の若手研究員の経済的な支援にもなっているはずで、大学、産業の両サイドで同時に人材育成を行ってしまおうという、ドイツ流の工夫と言えます。

テクニカルセンターでは、第2章で紹介したデジタル・シミュレーションを体験できる「デジタル・ツイン（95ページ参照）」などの実験工場が用意されています。そこで、中小企業の工場を最適化するアプローチやラインの組み換えをデジタル・シミュレーションする手法を実践してみせています。

さらにユニークなのは、キャラバン活動です。テクニカルセンターから飛び出して、中堅・中小企業を訪問。会社ごとに、ＩｏＴ（インターネット・オブ・シングス）のワークショップを開催するのです。

実際に訪問した会社の工場の製造機械にその場で安いセンサーを後付けして、どんな結果を出せるか、デモンストレーションまでやってみせています。訪問した先のワークショップ参加者が、１年間で１０００人を超えたテクニカルセンターもあるといいます。

2

米国　～政府のトップＩＴ企業支援とＩｏＴコンソーシアム～

米国政府は基礎技術整備でトップＩＴ企業発展を支援

米国のトップＩＴ企業は第４次産業革命をけん引し、第１レイヤーであるクラウドコンピューティングというデジタルインフラの分野で圧倒的なプレゼンスを確立してきました。そして広告やｅコマースなどの分野で最先端のＡＩ（人工知能）ソフトウエア技術を構築し、今、自動運転や全産業のデジタル化に乗り出していることを、これまで見てきました。

このような、デジタル・プラットフォーマーとも呼ばれるトップＩＴ企業は一般的に、米国政府が干渉しない自由競争の経済ルールの中で育ったと理解されています。

例えば、コンピュータを持ち歩くことを可能にしたスマートフォン（スマホ）は、アップルの創設者スティーブ・ジョブズが、その天才的なビジネスセンスで電話機能にインターネットの機能を追加したアイフォーンを世に送り出したことが始まりとされています。今やスマホの保有台数は、世界で40億台にまで増加しています。

しかし注意深く観察してみると、このスマホを稼働させるインターネットなどの通信技術やサイバーフィジカルシステム（ＣＰＳ／94ページ参照）の基礎技術は、実は、米国政府が国家予算を使って戦略的な分野を厳選し、大学などの研究開発でその基礎がつくり出されていることがわかります。

例えば、第4次産業革命の基礎インフラとなるインターネット技術は、１９８５年、米国の国防総省関連の分散通信ネットワーク（ＡＲＰＡＮＥＴ）がルーツです。そこから米国の公的な科学財団ＮＳＦ（National Science Foundation）がつくったＮＳＦ Ｎｅｔという学術用コンピュータにシフトし、その後１９８９年、これを商用ネットワークに接続、利用が開始されたのです。

また、サイバーフィジカルシステムのルーツは、このＮＳＦが２００６年に公表した大統領答申レポートにあります。当時のＥＵとの科学技術の覇権争いの中で、米国の競争力を拡大するために、そのレポートで、付加価値がデジタル側で生み出されるインフォメーション・テクノロジーの研究開発が提案されたのです。

さらに、21世紀のムーンショットである自動運転への取り組みは、米国トップの軍事研究所である国防高等研究計画局（ＤＡＲＰＡ）が、継続的に開催してきた長距離無人自動車レース「ＤＡＲＰＡグランド・チャレンジ」にルーツがあります。

2005年、初めて過酷なコースを完走させることができたスタンフォード大学のチームは、グーグルに招へいされ、秘密裡の自動運転チームが立ち上げられたといいます。グーグルの自動運転開発企業のウェイモ（Waymo）はここから始まったものです。2019年、ウェイモは、特定の場所、条件下で、システムがすべての運転操作を行うレベル4の自動運転車の商用化を開始。同年、米国大手配車サービスのリフトに自動運転車を販売することを発表しています。

米国のトップIT企業の世界的な覇権も、以上のような米国政府による戦略的な科学技術の選定や、基礎技術・デジタルインフラへの研究開発費の投入によるところが大きいといえます。今後は、5G技術が極めて重要なデジタル通信テクノロジーとなります。この分野で米国が、世界のテクノロジー覇権を保持するために、今後、政府、企業の積極的な取り組みが見られると予想されます。

米国のIoTコンソーシアム「IIC」と欧州ドイツ企業が融合を進める

第4次産業革命の中の、製造業界のIoTについて見てみます。

ドイツがインダストリー4・0構想を提唱し、国家プロジェクトを立ち上げた翌年の

２０１４年、米国の製造業をけん引するＩＢＭ、ＧＥ（ゼネラル・エレクトリック）、インテル、シスコシステムズ、ＡＴ＆Ｔが、「インダストリアル・インターネット・コンソーシアム（ＩＩＣ）」を立ち上げました。本部は、米国のハーバード大学やマサチューセッツ工科大学（ＭＩＴ）にも近いボストン郊外にあります。

このコンソーシアムは、例えるなら一種の道場ではないかと私は考えています。つまり、道場で相手の胸を借りて稽古を行う、これがワークショップであるテストベッド（新技術の実証実験を行うプラットフォーム）です。シリコンバレー流にトライ＆エラーを繰り返しながら、ＡＩやソフトウエアなどの自分が持っていない技術に関して、他社と稽古（問題解決や実証実験）を行う。その中で自分に不足している技術や新しいＩｏＴのグローバルビジネスモデル、連携すべきデジタルソリューションのパートナーが見えてくるはずです。

この道場であるＩＩＣは、ドイツ企業と歩調を合わせながら、第４次産業革命のリーダーとしての役割を担っていると考えられます。

それでは、最新の状況はどうなっているのでしょうか？

ＩＩＣは、インダストリー４・０プロジェクトを推進するドイツのリーダー企業をメンバーに迎え、世界のデファクト・スタンダードとして、同じ方向を目指して進んでいます。

その中でＩＩＣは、スマート化を進める対象を産業全体としているところに特徴があります。

一方、ドイツのインダストリー４・０プロジェクトは、スタート当初は製造業を重視するアプローチをとっていました。それが、サービス部門においても、ＩｏＴの活用で大きな付加価値が形成されていくという最新の動向に注目して、急速にフォーカスを広げています。

簡単に言うと、スマート化の対象を、製造業から、サービス業を含むバリューチェーン全体、全産業に拡大しているのです。これは、米国のＩＩＣが大きな影響を与えたと考えられています。

２０１６年3月、ドイツのインダストリー４・０推進機関である「プラットフォーム インダストリー４・０」とＩＩＣは、スイスのチューリッヒで会議を開き、「ＩｏＴ基礎技術の開発での提携」を発表しました。さらに、ドイツのインダストリー４・０の中心メンバーであるＳＡＰ、ボッシュ、スイスのＡＢＢは、このＩＩＣのステアリングコミッティ（幹部メンバー）となり、フランスのシュナイダー社が同コミッティのトップを送り込みました。

米国企業によってスタートしたＩＩＣですが、気が付いてみると、ドイツ企業をはじめとした欧州の企業がＩＩＣの中心メンバーとして、テストベッド選定の決定権限を持つ幹部となり、米国での活動を活発化させる状況となったのです。これは、米国のＩｏＴコンソーシアムが、ドイツやＥＵを代表する国際標準化の流れと歩調を合わせながら、第４次産業革命のリーダーシップを担っていこうとしていると理解できます。

3 中国 ～中国製造２０２５とＡＩ戦略、海ガメ作戦～

中国の悩みとは

世界第２位のＧＤＰを誇り、人口は14億人で世界トップ。世界最大の米国のＧＤＰに迫る勢いで、中国は成長を続けてきました。グローバル経済の自由貿易のルールのもと、「世界の工場」と呼ばれる製造業の中心になり、自動車の販売台数が世界の３分の１を占める世界最大の自動車市場にもなっています。

ところが、第１章で述べましたが、中国側が心配していた通り、米国の中国への対抗策とも言えるトランプ政権の保護主義の動きが活発化して、米中貿易戦争と呼ばれる局面に突入することになりました。

一方、国内に注目すると、そこにも中国の悩みが見えてきます。高齢化、賃金上昇、環境問

図表4-2　中国製造業の年平均賃金推移

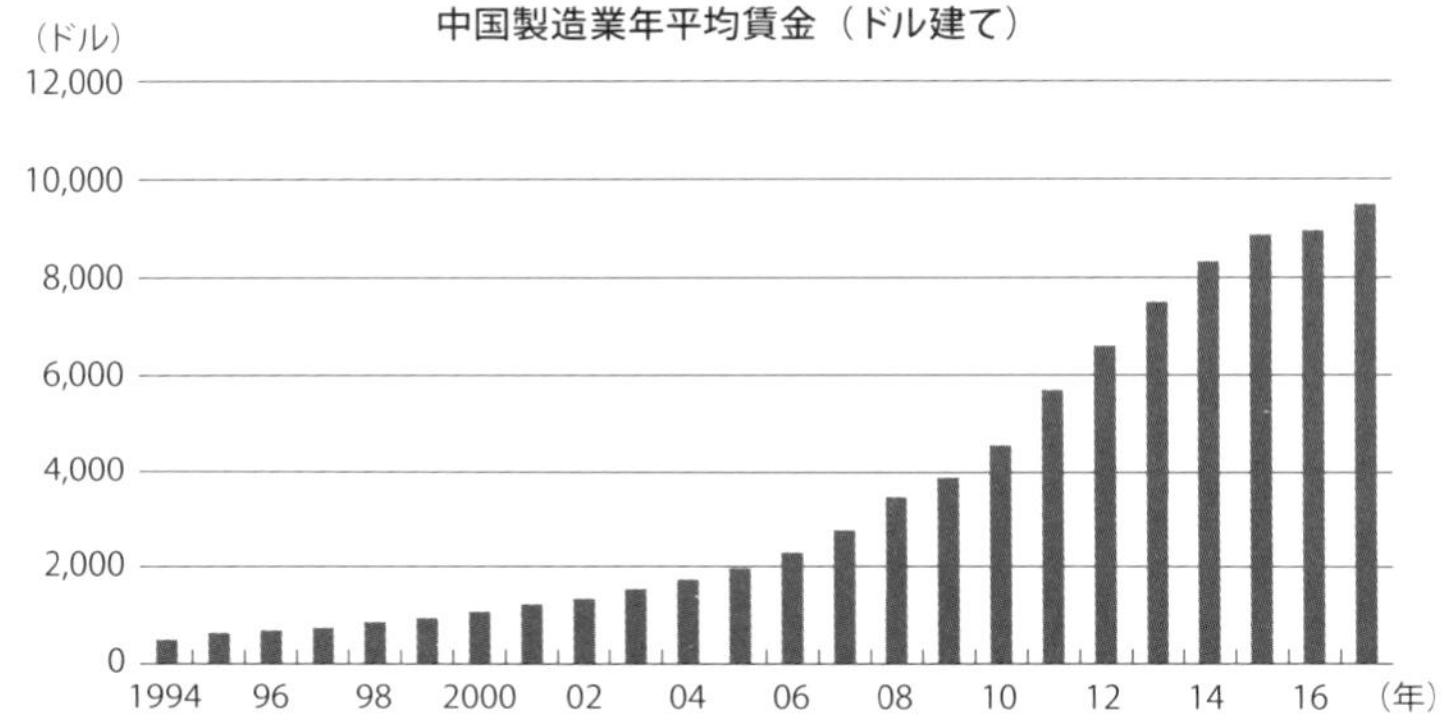

出所：中国国家統計局統計をもとに三菱UFJリサーチ＆コンサルティングが作成

題です。

中国は、一人っ子政策で出生率が低く抑えられてきたため、過去に経験したことのないスピードで高齢化が進んでいます。

さらに、賃金上昇です。図表4-2が示すように、中国では、10年間で人件費が3倍以上高くなっています。

10年の経験を積んだ中堅の優秀なエンジニアの給与水準は、上海地域と日本の都市部で比較すると、すでに上海のほうが高くなっているとの意見もあります。中国では、製造業をはじめとして、この賃金上昇を前提にビジネスモデルを考えていかなければならないのです。

広州から見える、人件費高騰に苦しむ中国製造業

中国の製造業の中心地と言えば広州です。日本人にとって身近な香港や、ＩＴ企業の中心地深圳《しんせん》から内陸部に約１００キロ。人口１２００万人の大都市で、中国の部品生産の中枢です。

現地コンサルタント会社の依頼で、中国人の経営者向けセミナー合宿のプログラムで、第４次産業革命について講演する機会がありました。50人ほどの参加者だったのですが、経営者の目は真剣そのもの。困った状況を何とか打開したい。会場は、そんな熱気に包まれていました。

質疑応答でも、地元の漢方薬メーカーの社長が、マスカスタマイズ生産について鋭い質問をどんどんぶつけてきました。漢方薬の世界は、個人によってニーズが異なることから、まさにこのマスカスタマイズ生産を活用できる可能性が高いのです。

講演が終わった後、通訳をしてくれたコンサルティング会社の中国人社長に、なぜこれほどの熱気なのか、話を聞いて納得しました。

「今、広州では人件費の高騰を受けて、中小企業の製造業がとても苦しんでいます。かつてのように、安い労働力を使って中国国内でモノづくりをするのは難しくなっているのです」

これが広州の実態だというのです。

製造業のスマート化で狙うエネルギー効率の改革

　環境問題についても、中国の大気汚染の深刻さは日本でも報道されている通りです。政府主導による臨時対策として、北京市周辺などの一部の工場で、冬期に、計画的な操業停止が行われる一方で、火力発電などの発電所を減らしながら、太陽光などのクリーンエネルギーの脱炭素政策を積極的に推進する動きが活発化しています。

　そんな中、製造業をスマート化、デジタル化していけば、ドイツがインダストリー４・０で目指すように、エネルギー効率の改善が期待できます。アリババ創業者のジャック・マーが語った「スマート製造」という発想は、まさに中国の課題に対する重要な解決方法にもなるはずです。

「中国製造２０２５」は、実は30年計画

　２０１５年、中国は、製造業の10カ年計画である「中国製造２０２５」を発表しました。２０２５年までに、ＩＴなどを活用して、製造業全体の効率や水準を向上するという内容です。米中貿易戦争の中で、米国が標的としている政策なので、ニュースなどでお聞きになった方も多いかもしれません。

この政策を実現するための十大重点産業として、まず掲げられているのが、「①次世代情報技術」「②高度なデジタル制御の工作機械・ロボット」です。このコンセプトは、ドイツのインダストリー４・０政策に非常に近いものです。

より正確に言うと、中国製造２０２５は、２０２５年までの計画ではなく、その後の２０３５年、２０４５年までの10年ずつ、30年の計画を見える化しています。この30年後の２０４５年には、世界トップレベルの製造大国としての地位を築き、中国建国１００周年記念となる２０４９年を迎えようという長期的な展望に基づいているのです。

インターネットプラスがＡＩプラスに進化

中国製造２０２５と同年に、中国政府は「インターネットプラス」というコンセプトのもと、産業と情報産業の融合を推し進めています。インターネットプラスとは、例えば「インターネット＋医療」「インターネット＋農業」「インターネット＋物流」など、すべての産業を対象に、インターネット技術を活用した産業の高度化を目指すというもので、スタートアップ企業の育成を重要政策として打ち出しています。これは、米国のシリコンバレー型の発展モデルといえます。

「北京のシリコンバレー」とも呼ばれる中関村《ちゅうかんそん》サイエンスパークを訪問したときのことです。

トップＩＴ企業のＡＩセンターの責任者に、インターネットプラス政策について質問してみると、こう説明してくれました。

「インターネットプラスは、今や、中国のデジタル関連企業の間では、ＡＩプラスと呼ばれることもあります」

「インターネットプラス」を「ＡＩプラス」に読み替えてみると、「ＡＩ＋医療」「ＡＩ＋農業」「ＡＩ＋物流」などなど、それぞれの得意とする産業にＡＩを活用するという、まさしく第４次産業革命の時代の「一丁目一番地」のアプローチとなるのです。

その後中国は、２０１７年11月、ＡＩを活用した国家政策「次世代ＡＩ発展計画」を発表します（36ページ参照）。

今、中央政府の方針を受けて、中国のあらゆる都市や産業に合ったＡＩ活用への取り組みが地方政府、民間企業、研究機関や大学によって始められています。

海ガメ作戦でデジタル人材を育成せよ

最後に、中国のデジタル人材育成について見てみます。

パソコンのＣＰＵ（中央演算処理装置）で世界を席巻したインテルの本社は、米国のサンフランシスコ近隣のシリコンバレーにあります。日本のパソコンのテレビコマーシャルで、「インテル入ってる」という言葉を耳にしたこともあるかもしれません。

このインテル本社を訪れたとき、「えっ？」と驚いたことがあります。何と、本社ビルの中で、シャン、シャンという鈴の音が聞こえたかと思えば、中国人の若手インテル社員たちが、獅子を使いながら社内を練り歩いているのです。ちょうどそのころは中国の旧正月にあたるタイミングでした。おそらく、インテルの中国人社員のカルチャーデー、文化紹介の一環だったのでしょう。

とはいえ、米国のトップＩＴ企業を訪問したところで、中国の獅子舞との組み合わせに正直驚きました。しかしよく考えてみると、これは中国の進める「海ガメ作戦」とも呼ばれるデジタル人材育成の取り組みのワン・シーンだったことがわかります。

中国が進めてきた海ガメ作戦とはこうです。

まず、中国の若手人材が米国のシリコンバレーなどのＩＴ企業や大学に大量に派遣されます。中国を出たときには子ガメでも、米国でノウハウを蓄積して大きく育ち、大人のカメになります。そのうち優秀なトップ数パーセントの人材は、シリコンバレーに残れるかもしれません。しかし、残りの多くの若手人材は、再び海を渡って、破格の条件で中国の教育機関やＩＴ企業に戻ります（図表4-3）。

このように中国は、世界トップのＩＴ技術が集まる米国の懐を借りるかたちで、ＩＴ人材や教育者を効率的に育成してきたのです。

図表4-3　アメリカのIT企業、大学を活用した中国の海ガメ作戦

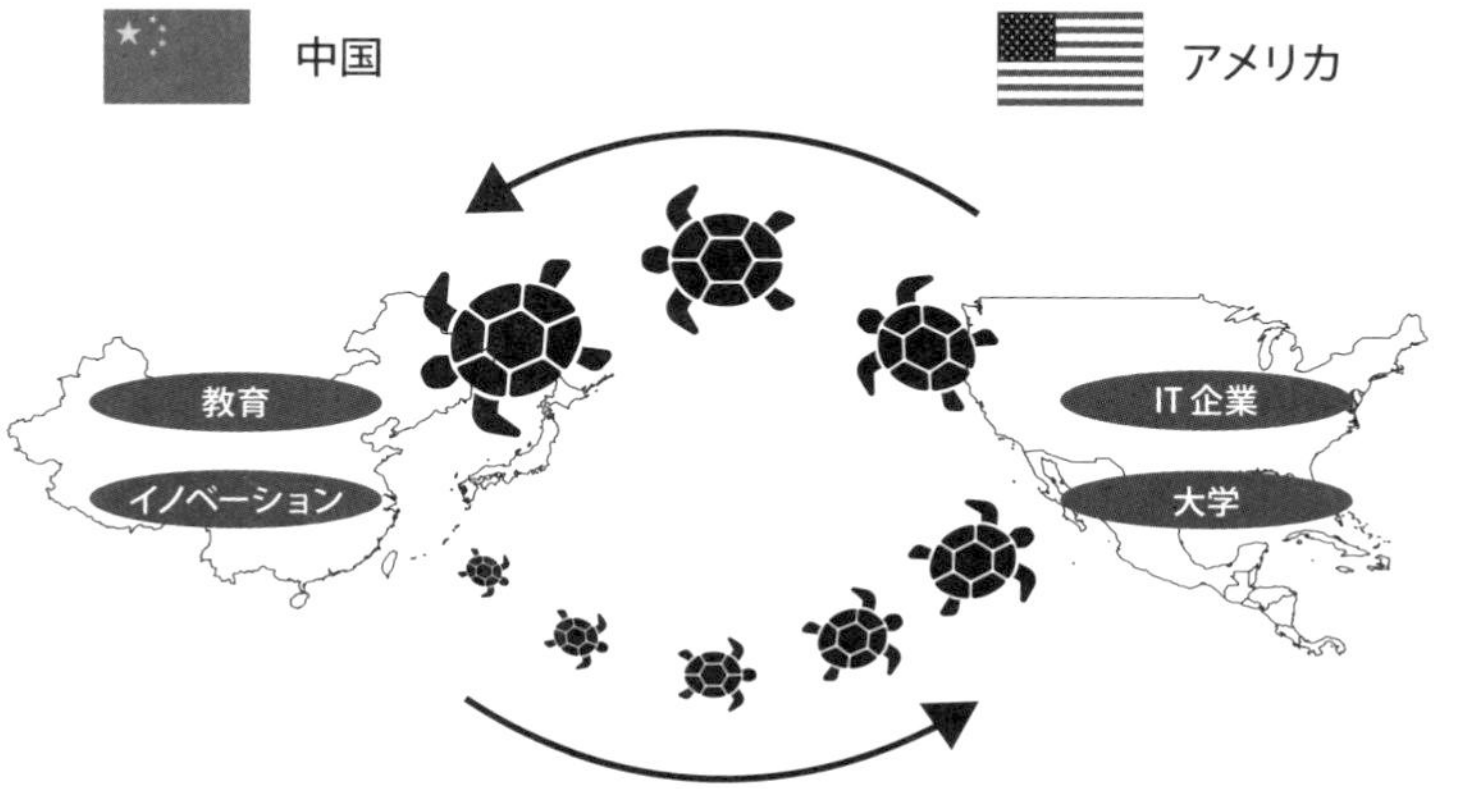

　実際、北京の中関村サイエンスパークのＩＴ企業に勤める若者たちは、米国帰りが圧倒的に多いことに驚かされます。また、中国のＩＴ企業の幹部と話をしてみると、「ここはシリコンバレー？」と錯覚するほど、テクノロジーの方向性は米国と類似しています。

　ただ、見方を変えれば、世界最先端の人材やテクノロジーの開発が米国を中心に行われてきたことを考えると、目指す方向が同じ状況だということなのかもしれません。

　ちなみに、海ガメ作戦のような人材育成は、中国だけが取り組んできたわけではありません。かつて台湾の若者たちは同じように海を渡り、米国で学んだＩＴ技術を持ち帰って、国内の半導体産業育成に大いに取り組んだといいます。

中国に立ちはだかる米国——米中の激突

しかし今、この海ガメ作戦は岐路に立たされています。

米中貿易戦争といわれる両国の対立を受けて、米国側が、中国からの人材受け入れに対して、厳しい目を向けるようになっているのです。

第1章で紹介した2018年10月のペンス副大統領の演説でも、中国からの人材を受け入れ、米国で育成することを許容してきた方針を変更することを表明しています。

最近では、大学や企業での受け入れがスムーズに進まなくなったり、中国系スタートアップ企業の資金調達が難しくなりつつあると聞きます。

先進国としての懐の深さを見せてきた米国も、もはや黙ってはいられないというところまで、米中のデジタルテクノロジーの覇権争いが熾烈になってきているのかもしれません。

4

韓国　～IoT製造業への挑戦と悩み～

第4次産業革命のインフラ、半導体への取り組み

第4次産業革命を支えるコンピュータやスマホに欠かせない半導体は、韓国経済にとって最重要産業のひとつです。

2019年7月、日本政府が原材料など3品目について、韓国向けの輸出手続きを厳格化したことを受け、韓国政府や産業界から出た強硬な反応も、この半導体が、いかに韓国企業にとって重要な産業であるかを示しているといえます。

韓国政府は、インダストリー4・0に代表される製造業のデジタル化への取り組みや、第4次産業革命のインフラである5G・次世代通信技術の導入に積極的に注力し、韓国企業を支援してきました。5Gについていえば、2018年末に、世界で最初に5Gの民間利用サービスをスタートさせるため、米国の通信会社と峻烈な競争を繰り広げました。

また、韓国を代表する財閥企業サムスンは、グーグルのOS・アンドロイドを活用したスマホで、世界トップのシェアを獲得します。

同グループのサムスン電子は、かつて日本の東芝が開発したメモリー半導体NAND（ナンド）の技術を獲得して、その後、莫大な投資を継続し、メモリー半導体市場のシェアも世界トップとなっています。

NAND半導体は、簡単に言うと、かつて日本が世界を席巻したフラッシュメモリー半導体の廉価版ともいうべき製品で、コストと機能を抑えた半導体です。メインフレームの大型コンピュータから、時代はパソコン時代へと大きくシフトして、NAND半導体へのニーズが飛躍的に拡大する一方、第2章で紹介したムーアの法則が進むにつれて、コストダウンのメリットを享受することになりました。

中国と米国のはざまで問われる立ち位置

韓国の最大の輸出国は、地理的にも歴史的にも関係の深い中国で、輸出全体の25％を占めます。これに次ぐのが、全体の12％となる米国です（2017年　韓国貿易協会）。韓国は、米中貿易戦争が最も影響を与える国のひとつとみることができます。

2018年、アリババの展示会のあった杭州を去る飛行機で、たまたま隣りあわせた韓国の情報工学系の大学教授が話しかけてきました。

「私たちはちょうど、杭州の大学と提携関係を結んできたところです。中国のＩＴ関係の若者の目をご覧になりましたか？　生き生きとした気迫に満ちていて、正直、韓国の学生たちとくらべて、目力が違うと感じました」

中国のアリババや、デジタル関係者たちの勢いを感じている一方で、米国の中国への強硬姿勢の間に立って、韓国は、今その立ち位置が問われています。

グローバル市場の開拓に活路を求める韓国企業

韓国は、人口約５０００万人と国内市場が小さいため、韓国企業はエマージングマーケットと呼ばれる新興国をはじめ、グローバル市場の開拓に活路を求めてきました。韓国政府にとって、第４次産業革命で進歩するデジタルテクノロジーが、韓国企業による世界市場開拓のために重要な技術と位置付けられるのも納得できます。

人材の育成でも、英語が堪能なグローバル人材を育成するため、韓国企業の駐在員の子どもたちは、駐在地のインターナショナルスクールで学ぶのが一般的です。

日本企業の海外駐在員の子どもたちは、日本人学校に通うケースが多いのですが、韓国の場合はそもそも、同国外で韓国語で授業を行う韓国人学校をほとんど見かけません。これは、海外で英語教育を受けさせ、グローバル人材を育てることを大前提に考えているからだと聞きます。

問われるスマート工場によるメリット

韓国は、グローバリゼーションの流れの中で、ビジネスのトータルコストを下げることによって勝ちパターンをつくることに知恵を絞ってきました。先進国が持っている知的財産を合法的に活用したり、投資に対する税金の優遇政策を積極的に行ったりした結果、エレクトロニクス産業の半導体、液晶テレビ、スマホなどで大躍進を遂げたのです。

世界各国でデジタル化への取り組みが活発化し、ドイツや日本でＩｏＴの活用が始まる中、韓国でも、製造業へのＩｏＴの活用に向けた取り組みが急速に進んでいます。

２０１８年12月、ソウルで、韓日産業技術フォーラムが開催されました。韓国側の技術者や有識者から、第４次産業革命の時代はすでに到来していると韓国では見ているという考えが表明されたそうです。実際、韓国内でのスマート工場の実証プロジェクト数は６０００以上。設計、生産のソフトウエアは割り切って米国メーカーのものを活用しながら、工場のデジタル化を積極的に進めています。

一方、韓国の悩みは、スマート工場による最終的なメリットとして、実際の儲けにつながる出口事例が足りないことだといいます。韓国のデジタル化、インダストリー４・０への取り組みは、データ収集やＡＩ分析をすること自体が目的になってしまいがちなようです。製造業のデジタル化によってどんな付加価値の創造ができるのか、本来の目的を改めて確認すべきフェーズにあるのかもしれません。

5

日本 ～世界で問われるリーダーシップ～

日本が発信する「ソサエティ５・０」

日本の政府・経済界も、第４次産業革命という大変革の時代に合わせた活発な動きを始めています。

２０１６年から２０２０年の科学技術基本法で定める活動の中で、日本政府は「ソサエティ５・０」のコンセプトを発表。経団連も、これに注力していく姿勢を示しました。

ソサエティ５・０とは、狩猟社会（ソサエティ１・０）、農耕社会（ソサエティ２・０）、工業社会（ソサエティ３・０）、情報社会（ソサエティ４・０）に次ぐ、デジタル革新、イノベーションを最大限活用した新しい社会、ソサエティ５・０の実現をめざし、社会がかかえる課題を解決していくという包括的な考え方をいいます。

日本の第４次産業革命のゴールを示す考え方として、ドイツの「インダストリー４・０」、米国の「インダストリアル・インターネット」、中国の「中国製造２０２５」と並んで、世界的な認知度も上がってきています。

日本政府がドイツで発表した「ハノーバー宣言」

少し時計を戻してみましょう。２０１７年3月、ドイツのハノーバーで、インダストリー４・０など世界的なＩＣＴやデジタル技術の産業展示会ＣｅＢＩＴ（セビット）が開催されました。そこへ日本は、ドイツ政府の招待を受け、パートナー国として参加しました。

日本の製造業のＧＤＰに占める割合（生産拠点の海外展開分は含まず）は約20％で、ほぼドイツと同じ水準です。米国やイギリス、フランスの10％程度と比較して大きく、かつ両国とも、製造業の持つ他産業への影響力が大きいといわれていて、パートナー国として招待されたこともうなずけます。

ＣｅＢＩＴのオープニングセレモニーには、メルケル首相をはじめとするドイツの政治家や企業経営者の他、日本からは安倍首相や日本を代表する出展企業２５０社の関係者が出席し、５０００人を超える参加者で熱気に包まれていました。この大変革期を迎えて、ドイツと同じ製造立国である日本が、どのような発信をするのかに注目が集まりました。

挨拶の壇上に立った安倍首相は、日本の経済産業省の政策として、「コネクティッドインダ

写真4–A　CeBITのオープニングセレモニーで挨拶する安倍首相

出所：首相官邸ホームページ（左端は日立製作所・東原敏昭社長）

ストリーズ」がスタートしていることを紹介。日本が、ドイツのインダストリー4・0プロジェクトと連携していく「ハノーバー宣言」に署名したことを発表します（写真4–A）。

「複雑な問題をシステムとして考え解かなければならない時代、つながる時代には、新しい記述法、モデルの書き方、共通の規格が必要になります。それができるのは、誰よりも私たち、ドイツと日本だと思います。ドイツ人も日本人も、モノをつくることに誇りを託し、無上の喜びを感じる人間たちだからです。

ドイツの、欧州の、そして日本の未来に大切なものは、イノベーション。ドイツと日本は、国土は狭い、天然資源は貧弱、それでもめざましい成長ができる、ということを証明した人類史上初の実例だったのではないでしょうか。不利な条件をむしろ逆手にとって私たちは成長しました。

これから、人口が仮に減っても、イノベーションによって成長できるのだという世界第一号の証拠に、日本はなりたいものだと思っています」

ＣｅＢＩＴに参加した日本政府の中小企業ミッション

示唆に富むスピーチに、会場にいたドイツ関係者も感銘を受けたようです。

この会場では、日本政府ミッションとして選ばれた日本の中小企業10社の代表者が出席していました。写真4-Bにうつっているのが、その参加メンバーです。安倍首相は、続けます。

「日本とドイツには共通の要素があります。イノベーションの担い手が、ドイツでも、日本でも、小さな会社にいるということです。今回ＣｅＢＩＴに来た宝石のような日本の中堅・中小企業も、ドイツの中小企業と交流して、驚きの輪を広げてくれるに違いないと確信しています」

このスピーチで紹介された通り、日本も、ドイツも、中小企業の全企業数に占める比率が99%近くあります。

第４次産業革命を成功させられるかどうかは、中小企業のデジタル化への取り組みが大きな

写真4-B　CeBIT中小企業ミッション

提供：株式会社アイ・コネクト 大久保賢二

ポイントを握っているのです。日本政府もその点を指摘しているのだと理解できるでしょう。

次世代モノづくりの社会実装のため、東京大学研究センター「ＲＡＣＥ」発足

２０１９年４月、東京大学本郷キャンパス内に次世代のモノづくりをけん引する「人工物工学研究センター（ＲＡＣＥ）」がスタートしました。これは、もともと東大柏キャンパスにあった同研究センターを、製造業のデジタル化、サービス化の動きをにらんで、新たに工学系研究科附属施設として本郷キャンパスに発足させたものです。

浅間《あさま》一《はじめ》センター長のもと、①新しいモノづくりとモノ・サービスのエコシステム作

りを担う価値創生部門、②人間の認知機構をモノづくりに活かす認知機構部門、③ＡＩ、ディープラーニングを活用した実践知能部門、の３つの部門がタッグを組む取り組みです。

次世代のモノづくりに関するビジョンづくりに取り組む梅田靖教授や、日本のＡＩ研究の第一人者である松尾豊教授らが参加して、企業、産業界が協力・連携して新たな価値創造を実現する総本山に育っていくことが期待されています。

産総研の人工知能研究センター・サイバーフィジカル研究棟スタート

日本の研究機関による第4次産業革命への取り組みとして、東京大学のＲＡＣＥと並んで注目されているのが、産総研（産業技術総合研究所）人工知能研究センター・サイバーフィジカル研究棟です。２０１９年2月、オリンピックの建設ラッシュとなっている東京ベイフロントのお台場に、ＡＩを活用したデジタル製造業、ロボットを活用したバイオ研究などを実験する画期的な研究施設としてスタートしました。

サイバーフィジカルとは、第2章で説明したデジタル・ツイン技術を積極的に活用するデジタル製造業や、ｅコマースなど第4次産業革命をけん引する仕組みです（94ページ参照）。この研究棟では、産総研の人工知能研究センターの活動の一環として、サイバーフィジカルのス

写真4-C　バイオロボット

提供：国立研究開発法人 産業技術総合研究所

マート製造業やバイオ研究のロボットへの応用に関して、ＡＩを積極的に活用しながら実証実験を行っていく予定です。

ＩｏＴコンソーシアム、ＩＶＩの挑戦

日本では、ドイツの「プラットフォームインダストリー４・０」、米国のトップＩＴ企業が設立した「インダストリアル・インターネット・コンソーシアム（ＩＩＣ）」に並ぶ、ＩｏＴコンソーシアムが設立されています。

２０１５年、ロボット革命イニシアティブ協議会（ＲＲＩ）が設立され、参加企業・団体数は、約４３０社規模に成長しました。また、同年、ＩｏＴの産官学での利

活用を促進するため、ＩｏＴ推進コンソーシアムが設立され、会員数は、３６００社程度まで増えてきています。

さらに、２０１６年、日本をリードする製造業の技術関係者が民間レベルで集結し、つながる工場を実現するコンソーシアムとして、インダストリアル・バリューチェーン・イニシアティブ（ＩＶＩ）が設立されました。世界で進む第4次産業革命のデジタル化の動きの中で、「製造業がつながるネットワーク」を実現するために、多くのワーキンググループを自主的に結成しています。今では参加企業・会員数も約３００社近くに成長し、その内１００社は中小企業である点も特徴です。

２０１９年6月、大阪で開催されたＧ20を前に、ＩＶＩは、モノづくりデータの取引に関する仕組みを、世界に先駆けて２０２０年に稼働させることを発表し、注目を集めました。その仕組みとは、まさに「製造業がつながる」仕組みです。

ＡＩ×ビッグデータを活用した最適化されたモノづくりを実現するためには、１社だけの限定的なデータでは限界があります。そこでＩＶＩは、信頼できるシステムに、複数の企業が工場のデータを匿名で流通させることによって、より最適化されたモノづくりを実現するソフトウエア、ＡＩを稼働させられる仕組みをつくりました。三菱電機や安川電機などの国内の主要メーカーが連携し、ブロックチェーン技術を活用して管理しながら、企業横断的なデータの流通を実現する取り組みです。ＩＶＩは今、世界に向けて日本の成果を発信し始めています。

第 5 章

2030年の第 4 次産業革命

1

どんな新しい技術、ビジネスモデルが登場している？

世界中の大学講義やコンサート・スポーツ体験がプラットフォームで共有される時代

２０３０年を展望すると、第４次産業革命を推進するコンピューティングパワーのさらなる拡大は間違いないと思われます。それは、これまで述べてきたように、コンピュータの計算速度がますます速くなって、その大きさもますます小さくなっている未来といえます。

そして、世界中の人々がつながり、例えば５Ｇを使って世界トップクラスの大学教授の授業を聞いたり、アーティストのコンサートやサッカーの試合などのライブ映像をあたかも会場にいるかのような感覚で楽しんだり、世界の知財が同じプラットフォームで共有されていく時代が訪れるはずです。

そして、私たちにとって最も身近なスマートフォン（スマホ）やコンピュータが、ベルの法則によってさらに１００分の１の大きさに縮小されるような新しいテクノロジーが実用化されている可能性は十分あります。

今や、電車に乗ると、立っていても座っても、ほとんどの人がうつむいて、スマホの画面を眺めています。中には、スマホを見ながらホームを歩いている人さえいます。アイフォーンが発売されたのは、２００７年。今当たり前に感じるこの光景も、わずか10年少し続いてきたにすぎません。この状態がこのままずっと続くのは、むしろ考えにくいのではないでしょうか。

例えば、コグニティブというコンピューティング技術があります。これはコンピュータと会話を通してやり取りを行う方法です。今でも、ＡＩ（人工知能）を使った電話でのオペレーション・センターの支援システムは、電話でかかってくる質問を、オペレーターと同時にＡＩが自動で聞き取り、デジタル化したマニュアルから回答候補を示してくれます。

「一人に一台のＡＩ」が実現すれば、アバターと呼ばれる自分用にカスタマイズされたサポート役のＡＩに対して、会話の中で質問を投げかけ、答えをもらえるサービスが提供されるようになる可能性は十分あります。

複合現実ＡＲを使いこなす未来

スマホの画面がこれ以上小さくなっていくのは、難しいかもしれません。今でも小さなスマホ画面の小さな文字を読み続けて目が悪くなったり、目薬が手放せなくなる人も多いと聞きます。

しかし、例えば、アップル製のスマートウォッチのような腕時計大のコンピュータに、現在のスマホの機能がすべて投入され、ユーザーが指示すれば必要なときに画面を引き出せる、そんな技術が実用化される可能性はあるでしょう。

その際、ＶＲ（バーチャルリアリティ）のゴーグルを家の外で着用して活動することは現実的ではありません。しかし、例えば、ＡＲ（オーグメンテッドリアリティ：複合現実）が本格的に活用されるようになる可能性はあるのではないでしょうか。

ＶＲとＡＲは、呼び方が似ていて、その違いがわかりにくいかもしれません。ＶＲは仮想現実ともいわれ、ゴーグルなどを通してデジタル空間をのぞくと、現実の世界から切り離されて、そこにあたかも現実のようなバーチャルな世界が再現され、体験できる技術です。今でも、アミューズメントパークなどで活用されています。

これに対してＡＲは、現実の世界にデジタル空間の映像を重ね合わせる技術です。身近な例では、世界中で人気になったポケモンＧＯというアウトドアで行うスマホゲームがあります。スマホをかざすと、実際の通りの景色にポケモンのアニメ・キャラクターが現れるというもの。これはＡＲ技術を利用したものです。

ゲーム以外でも、最新の旅客機には、パイロットが着陸態勢をとるときに、目の前の実際の滑走路などの外の景色に、高度やスピードを重ね合わせて見ることができる画面を表示する技術が実用化されています。

これから５Ｇが実用化される中で、このＡＲを使ったビジネスモデルが実際の生活やビジネスで活用される可能性は十分あります。近い将来、このＡＲを使ってコンピュータを快適に使いこなせるテクノロジーが現実化するかもしれません。

「ＡＩ×ビッグデータ」にかかるビジネスコストが下がっていく

２０３０年を展望して、予想されるコンピュータにまつわる変化として、計算速度の向上・小型化に加え、もうひとつ重要なことがあります。それは、科学者たちが予想するコンピューティングパワーの計算コストが今後、さらに下がり続ける点です。つまり、「ＡＩ×ビッグデータ」のテクノロジーをビジネスで活用する際のコストが低く抑えられるようになります。

かつて、日本のトップエンジニアたちが提唱した「ユビキタス」という概念がありました。これは、コンピュータがいつでも、どこでも使える状態や社会を表すビジョンで、ＩｏＴ（インターネット・オブ・シングス）という概念が提唱される前に、発表されたものです。その方向性は今、現実となりつつありますが、一方で、コンピュータの計算コストがまだ非常に高かったため、実際のビジネスシーンで実用化していくことが困難だったという事情がありました。

今現在も、ＩｏＴの活用が期待されていても、生み出される付加価値以上にコストがかかるため、実際のビジネスモデルとして実用化されていない分野があります。逆に言えば、将来コストが下がれば、実用化も可能だということです。コンピュータの計算コストの低下に伴って、さまざまな分野で、次々に新しいサービスが生み出されるはずです。その分野は、自動運転などに代表される自動車産業、医療、製造現場、物流、小売業、クリーンエネルギー、農業などすべての産業や教育分野に及んでいくでしょう。

ネットワーク型モノづくりが広がる製造業の未来

２０１７年8月、ドイツ・ベルリンで、ＩｏＴやＡＩを活用した製造業の未来について議論する国際シンポジウムが開催されました。ドイツからは「インダストリー４・０プロジェクト」の関係者、中国から「中国製造２０２５」の専門家が集結し、日本からは経団連が参加しています。

このシンポジウムで示された、ドイツ、中国、日本の有識者が考える製造業の未来は、方向性もスピード感も驚くほど似ていたといいます。

図表5-1は、このシンポジウムの経団連のパートで、ファクトリーオートメーション分野の専門家として登壇した三菱電機の安井公治技師長の示した「ネットワーク型モノづくりシステム」への移行想定例です。

現在は上段のように、大手企業を中心とした情報システムの整備が行われています。

これが、中段のように２０２０年以降のタイミングで、整備された情報システムによる受発注への試行的な取り組みが本格化すると予想されています。新規のオーダーに対応した、デジタル空間での設計・製造のシミュレーションが実現していく段階です。

さらに、２０３０年を展望すると、２０２７〜２０３７年に、段階的にネットワーク型モノづくりシステムが稼働している可能性を指摘しています。この段階では、製造現場の入荷材料や稼働環境の変化に対して、工場を自動調整する機能が実現しています。デジタルの力を使って、顧客の要求に沿った最適なバリューチェーンをフレキシブルにつくる、そんな「ネットワーク型モノづくり」のサプライヤーが現れると予想されています。

この考え方は、今後、デジタル・ツインやサイバーフィジカルを活用したデジタルプラットフォームが、モノづくり分野で大きな役割を果たすという予想に基づいています。これは現在の、世界的な半導体メーカーや自動車産業の発注メーカーの準備状況から見ても、説得力があります。

図表5-1　ネットワーク型モノづくりシステムへの移行想定例

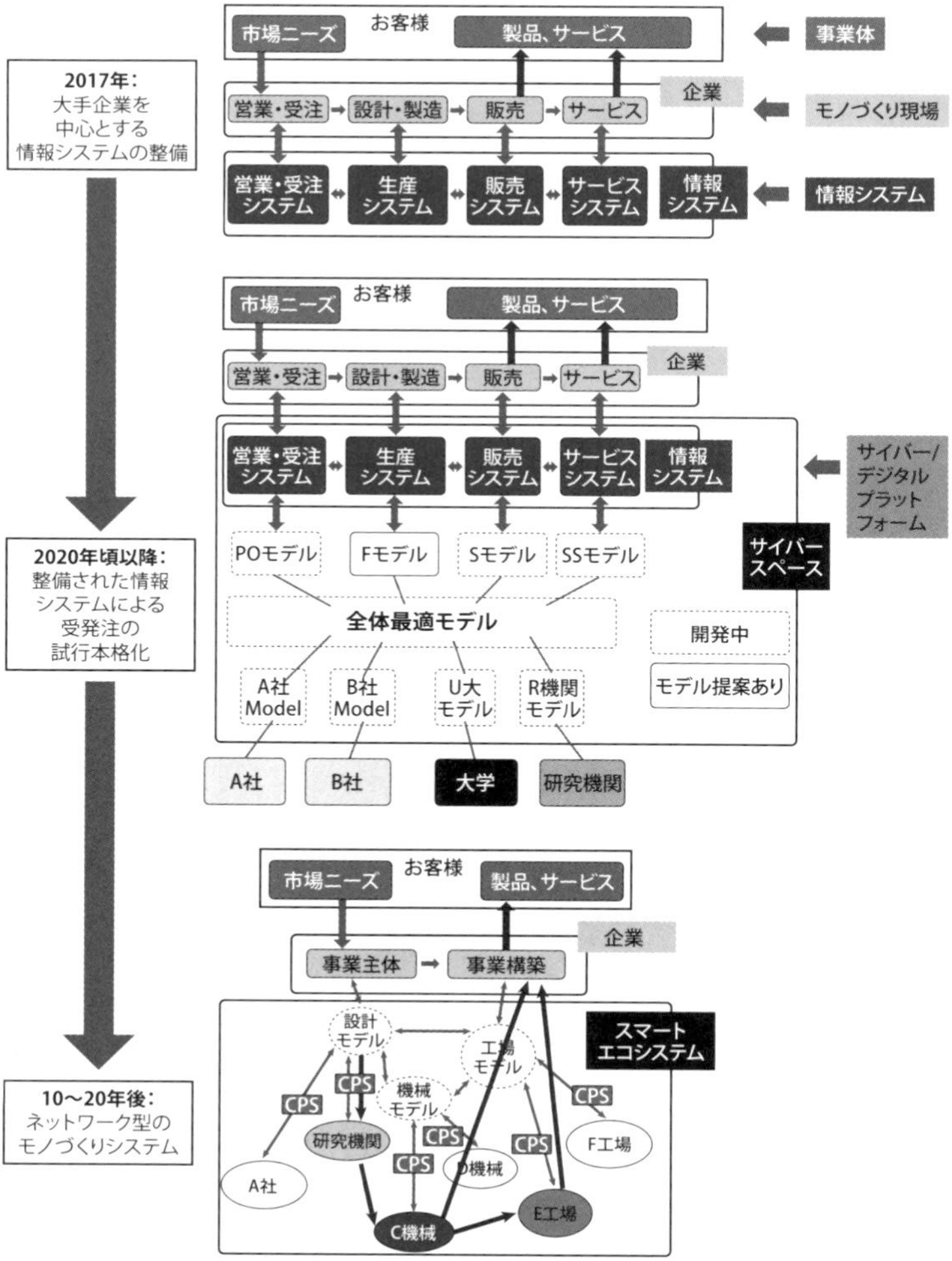

出所：三菱電機産業メカトロニクス事業部 安井公治技師長作成資料

日本のモノづくりにとって、これは何を意味するのでしょうか。

実は、リアルな工場の運営能力や製造機械の技術において日本は世界トップクラスを維持しています。ですから、うまく製造現場とデジタルを結び付けられれば、日本の得意領域になるはずです。そして順調に第3段階のネットワーク型のモノづくりシステムまで進めば、日本がそのネットワークの中で重要な役割を担い、世界市場で高いポジションを獲得できるのではないでしょうか。

試行錯誤を繰り返しながら、日本人のまじめさやきめ細かさを反映したノウハウを、AIやデジタルネットワークの仕組みに埋め込んでいければ、蓄積されたサービスやソリューションは、世界中で利用される産業になっていくはずです。

デジタルソリューションは、世界の各地域、ローカルごとにベストなチームが組まれていきます。しかし、その中で、日本のテクノロジーが重要なリーダーとなっていく可能性は十分にあります。

2 暮らしはどう変わっている？

近未来を予測する世界が現実に

２０３０年、私たちはどんな世界に暮らしているでしょうか。

それは、現実世界からデジタルデータを集め、ＡＩを使ったシミュレーションによって近未来を予測できるようになる世界です。過去のパターンをＡＩ×ビッグデータで読み解き、将来起こる可能性が高い事柄を分析・予測できるようになっていくはずです。

一方、工場では、ご紹介したネットワーク型のモノづくりシステムが現実に稼働している可能性が高いと思われます。

大きく変化する職場

２０３０年、ネットワーク型のモノづくりシステムに移行する段階では、私たちの職場も大きく変化しているでしょう。

オフィスでは、内部調整（職場や仕事の最適化）を担当するホワイトカラーの仕事は減っているでしょう。この分野は、コンピューティングパワーの拡大で、ＡＩが担う仕事が増えていくはずです。

すでに、ソフトウエア・ロボットを活用した内部業務の効率化は、ＲＰＡ（ロボティック・プロセス・オートメーション）と呼ばれる技術としてスタートしています。ロボットという言葉が使われていますが、これはソフトウエアによる事務の自動化・効率化のことをいいます。

将来、調整型の事務職の仕事は減って、週休３日制が現実になるかもしれません。

「３日も休みがあると、どのようにすごしたらいいのかな？」と不安な人もいるでしょう。

しかし、この３日間は、例えば自分の趣味や得意な分野を生かして、自分の仕事とまったく違う分野の副業の時間に当てられます。また、デジタル技術をはじめとした新しいノウハウを学び直す、そんな生涯教育に使うこともできるようになるのではないでしょうか。

では、営業現場はどうなっているでしょうか。

サイバーフィジカルシステム（ＣＰＳ）、デジタル・ツイン、マスカスタマイズ生産、

ＩｏＴサービスなどに精通したデジタルスキルを持つコンサルタントが、大事な役割を果たしている可能性があります。ネットワーク化された設計・製造ラインのデジタルシミュレーションが、営業上必要なコストや納期の情報に直結していくはずです。

モノづくりの現場は、「**匠×デジタル**」が必須スキームになっていきます。現場の従業員は、顧客のニーズに合わせて、組み立てラインをフレキシブルに変更したり、ＡＩを使って工場のビッグデータを分析するような仕事を担っているはずです。そういった業務において、コンピュータ・プログラミングは必須の技術になっていると考えられます。

流通の分野では、高速道路でのトラックの自動運転や５Ｇを活用した隊列走行が現実となって、ドライバー不足の解消に貢献していると考えられます。

また先述した通り、現在ＭａａＳ（マース）というマイカー以外のタクシーや鉄道など、移動手段の最適な選択・支払をサービスとして提供する取り組みが始まっています。今後は物流に関しても、鉄道や、船便、航空便などの最適化をデジタルベースで提供するプラットフォーマーが登場して、ユーザーはデジタル上で最適な輸送手段を選択できる時代になっているはずです。

販売の分野では、インターネットとスマホの爆発的な普及で急拡大したｅコマースの販売形態と現実世界の店舗の融合が進んでいくでしょう。２０３０年には、電子決済が一般的となって、デリバリーサービスもシームレスな物流により、店舗からのデリバリーなのか、倉庫からのデリバリーなのか、意識しなくなっている可能性があります。ｅコマースという言葉は死語となり、実際のお店をＩＴ企業のグループ企業が経営していることもごく自然な社会になっているのではないでしょうか。

3　２０３０年に台頭している企業

クラウド・インフラを支える第１レイヤー企業

２０３０年には、クラウドコンピューティング・サービスを提供するトップＩＴ企業が、世界のデジタル・インフラを提供する企業として、現在よりさらに確固たるポジションを確立しているはずです。

現在のクラウドコンピューティングのトップ企業には、ＡＷＳ、マイクロソフト、人工知能ワトソンで有名なＩＢＭ、グーグルなどの米国系デジタルプラットフォーマーＩＴ企業、アリババ、テンセントなどの中国系デジタルプラットフォーマーＩＴ企業があります。２０３０年には、それぞれが得意とする世界市場を、それぞれがカバーするようになっている可能性が高いでしょう。

しかし、これら第1レイヤーと呼ばれる企業が、すべての産業で、川上から川下まですべてのバリューチェーンを支配するわけではありません。例えば、製造業の分野でいうと、紹介したネットワーク型の製造を現実に稼働させるためには、デジタル分野のノウハウだけではうまくいきません。製造現場に精通したファクトリー・オートメーション技術、通信技術、バリューチェーンの管理技術なども必要です。

第2レイヤー企業とデジタル・アーキテクチャーの担い手

２０３０年には、そういった製造業ならではの知識や技術を提供する第2レイヤーのサービス・プラットフォームが台頭しているはずです。そして、このプラットフォームにＡＰＩ（アプリケーション・プログラミング・インターフェース）を開発、提供する企業を含めた優秀な企業チームの連合体が、製造業において主導権を握り、収益を上げていく可能性が高いのではないでしょうか。

この第2レイヤーでは、部品のデータ・モデリング技術がますます重要になっていきます。デジタル上での予測、つまりシミュレーションを可能にするために、現実世界の製品の稼働をデジタルモデルとして提供する能力が必要になっているからです。このモデリングがうまくいかないと、実際には高い稼働を誇っていても、デジタル上でその品質が十分に再現されず、品質が落ちる他の企業の製品が選ばれてしまうといった事態が十分に起こりえます。

第2レイヤーには、日本ではエッジと呼ばれる工場制御に主眼を置いたデジタル・プラットフォーマーも含まれます。また今後、クラウドコンピューティングとエッジコンピューティングは、開発を含め、協働・融合していくと考えられます。

現在、この第2レイヤーの分野には、製造業に知見が深いドイツのシーメンスやSAP、フランスを代表するダッソーなどが積極的に参入し始めています。

日本では、三菱電機、日立製作所、富士通などの企業がこの第2レイヤーのプラットフォーム企業として、高い付加価値を生み出す優秀な企業とエコシステムをつくり上げることができるかが注目されています。

一方、第3レイヤーでは、自動運転が実用化され、工場や倉庫のオペレーションの最適化も進むでしょう。その中では、より安全・確実に、現実社会のモノを動かす優秀な製品をつくって稼働させる能力が求められるようになります。そして実は、日本が得意とする「すり合わせ」の能力が生かされる場所でもあります。

図表5−2　全レイヤーを総合的にデザインするデジタル・アーキテクチャーが台頭

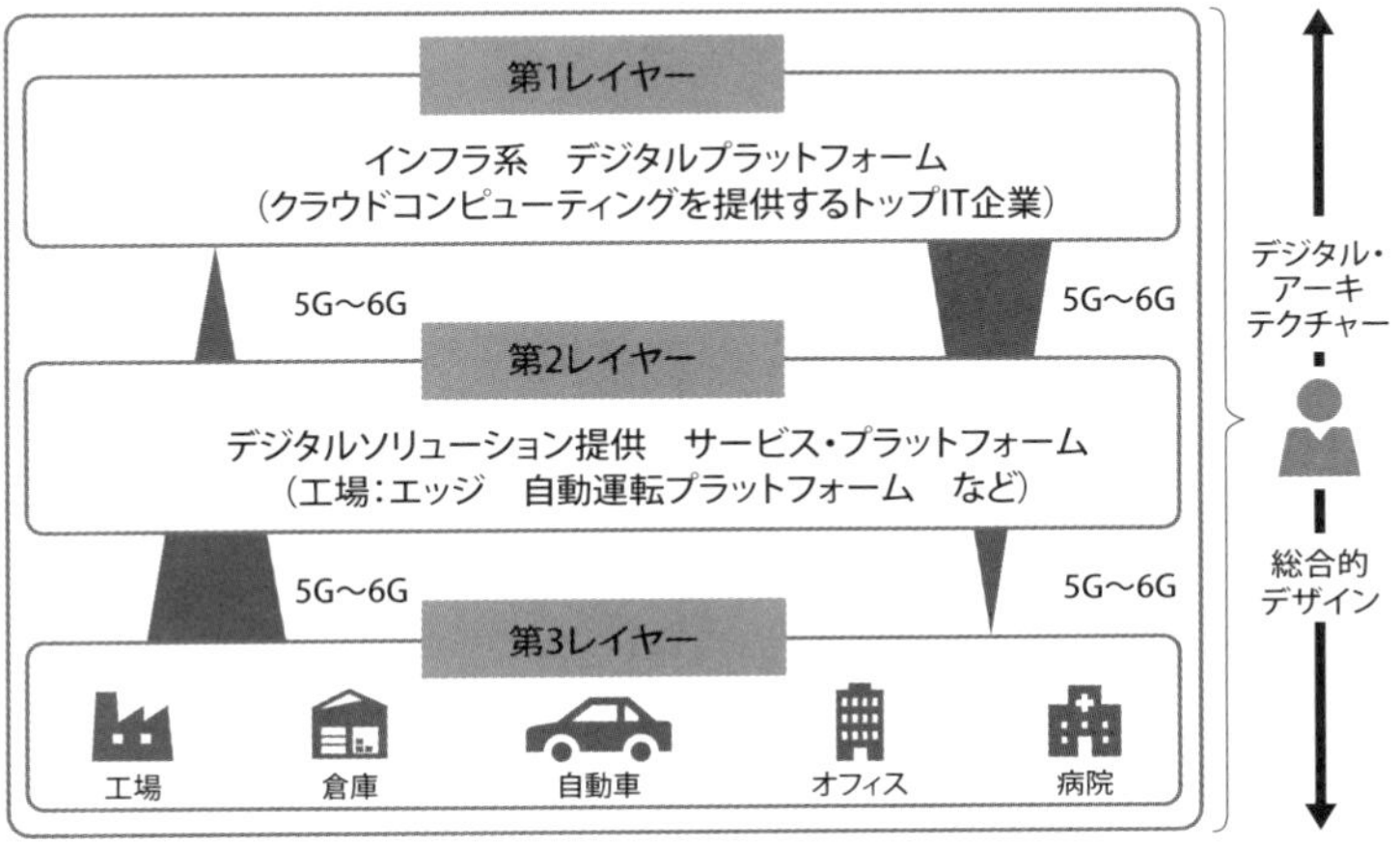

この部分は、実際にプラットフォームをとりまとめる企業がリーダーシップをとり、参加するエコシステムのソリューション企業とウィンウィンの関係を築いているでしょう。すると、第1、第2、第3レイヤーを総合的に見て、デザインができるデジタル・アーキテクチャーが重要になってくるはずです（図表5−2）。

ドイツに現れたデジタル工場のノウハウを販売する未来モデル

製造業では、製品を製造するノウハウ（工場のデジタル設計図と稼働ノウハウ）をそっくりそのまま、ソフトウエアとして販売する企業が台頭している可能性があります。

実際にドイツでは、このビジネスモデルを

写真5−A　ドイツ・アーヘンのイーゴーモバイル社

実現しつつあるスタートアップ企業が現れています。

ドイツで最も日本企業が集まるデュッセルドルフから車で1時間、ベルギー国境に近い大学街アーヘンに、その企業イーゴーモバイル社はあります。同社は設立からわずか3年でインダストリー4・0の最先端技術を実用化したスマートEV工場を立ち上げました（写真5−A）。

同社は、電気自動車（EV）を設計・生産するだけでなく、販売したEVの走行データを吸い上げながら、EVの改善につなげます。さらに、そのEVを製造する**デジタル工場の設計図・稼働ノウハウを、そっくりそのまま他の会社に提供・販売**するという、画期的なビジネスモデルを打ち出しています。製品をつくって売るビジネスから、製品をつくるスマート工場のモデルやデジタル制御技術そのものを売るというビジネスを始めているのです。

このスタートアップ企業を設立したＣＥＯは、ドイツでトップクラスのデジタル制御技術を有するアーヘン工科大学のギュンター・シュー教授。彼は、ドイツの宅配会社トップ、ドイツポストＤＨＬの搬送車をCO_2削減・環境対策のためにＥＶ化するプロジェクトを、スタートアップ企業を立ち上げて成功させ、ドイツで一躍有名になりました。今では、ドイツ政府のＥＶ政策やインダストリー４・０政策をバックアップするメルケル首相のブレーンのひとりとも呼ばれています。

シュー教授が打ち出したのは、「楽しく」「手が届く価格帯」のＥＶを設計、販売することです。デジタル設計＋生産＋アフターサービスまで一貫して行うためのサービスを実現した事例といえます。

製造のノウハウを販売するこのビジネスは、東南アジアをはじめとする、これから製造業のデジタル化に本格的に取り組んでいく国々の企業でニーズが大きいはずです。今後、同様のビジネスを行う新しい企業が増え、工場のデジタル化のノウハウを提供したり、バージョンアップしたりするサービスが台頭するかもしれません。

4 どの国がイニシアティブを握っているのか？

米国と中国との世界のデジタル覇権争いは長期化

第1章で見た米国と中国のデジタル覇権争いの原因は、短期的なものではなく、ＡＩ×ビッグデータなどを活用した産業競争力、最終的には安全保障にも及ぶ世界的な覇権争いという長期的な要素が大きいと考えられます。２０３０年に向けて、その時々の米国政権の方針による影響を受けながらも、このＧ２とも呼ばれる両国の第4の産業革命のテクノロジーをめぐる競争は、継続すると考えられます。

米国には、圧倒的なＡＩ人材やシリコンバレーをはじめとするデジタル企業のネットワーク、機関投資家の資金力があります。ＡＩ×デジタルを活用するコンピューティングパワーをインフラとして提供する役割や、広告や小売りのデジタル化に続いて、自動車産業やヘルスケア市場のデジタル化・サービス化など、全産業へのビジネスモデル拡大を後押しする方針を貫いていくはずです。

そして、同じ北米圏であるカナダはもちろん、ＢＲＥＸＩＴ（ＥＵ離脱）に突き進むイギリスは、米国とデジタル技術での連携を強固にしていくでしょう。旧イギリス領であったオーストラリアなどの国々との、デジタル経済圏の中心メンバーとしての立場をより強めていくのではないでしょうか。

これに対して中国は、デジタルを活用して人口14億人のローカル市場の底上げを推し進め、世界トップクラスのデジタル技術を達成する方針を継続していくでしょう。対米国戦略として、どのように妥協点を見つけていくのかは、別の次元のトピックスと思われます。今やり玉にあがっている「中国製造２０２５」という政策の呼称が本質ではないのです。

デジタルの世界は、技術を持った先進企業、ＩＴプラットフォーマーが、解決策を具体的に提供できれば、自動運転のための５Ｇなどのインフラを国レベルで整備することも可能です。これは、むしろ中国が得意とする分野です。さまざまな規格を林立させずに、国主導で、思い切って最新の規格を一斉に導入する。これが最適化を実現したときの効果が一番大きく、ジャンプアップが大きいのです。

中国主導のデジタル化について忘れてはならないのは、「華僑」と呼ばれる中国からの移民の存在です。もともとは中国共産党の方針に反発して中国を去った人たちで、シンガポール、マレーシア、インドネシアなどのアジアの金融やビジネスの実質的なリーダーの役割を果たしています。

第4次産業革命のデジタルテクノロジーを付加価値を生み出すツールと考えると、イデオロギーよりもビジネス判断として、中国のトップIT企業と華僑が連携することも可能でしょう。そうすれば、中国が東南アジアのデジタル化を推進していくシナリオも十分に考えられます。

EU・ドイツと日本のイニシアティブ

G2のデジタル覇権争いの中で、その間に立つEU、とくにその中でリーダーの役割を果たすドイツと日本の立場は似ています。

ドイツは、大西洋をはさんで米国と相対し、「ファイブアイズ+3」と呼ばれる安全保障上の立場、諜報機関などのインテリジェンスの分野で同じグループに所属しています。一方、中国ともユーラシア大陸で地つづきの関係にあって、世界第4位のGDPを持つドイツのインダストリー4・0政策を参考に、中国の中国製造2025が策定された経緯は、本著でも取り上げました。

日本もドイツと同じく、エネルギー資源を持たず、自動車産業やファクトリーオートメーションなどの製造業の分野で、技術を磨き、米国、中国に次ぐ世界第3位のGDPを達成しています。米国とは、安全保障上、太平洋をはさんで連携する一方、東京から北京まで飛行機でわずか3時間という隣国である中国は、今や日本最大の輸出国という関係にあります。

そんな類似点の多い日本とドイツですが、両国とも自動車産業のサービス化やＥＶ化でイニシアティブを獲得しようとしています。実際、日本のトヨタ自動車とトヨタグループ企業や、ドイツのトップ自動車メーカーやボッシュ、コンチネンタルなどのトップ部品メーカーがＩＴ企業との連携を進め、第2レイヤーのプラットフォーム企業として主導権を握っていく可能性は十分あると予想されます。

また、第1章で紹介した第4次産業革命のスマイルカーブ（53ページ参照）にもかかわる部品や材料の分野についても、自動車部品やＥＶバッテリーの次世代技術、全固体電池や化学・マテリアル分野などで、日本、ドイツがイニシアティブをとっていく可能性は十分あります。例えば、ＥＶの商品性を追求すると、いかに軽い車体であるかが走行距離を決める大きな要素になります。この分野で最も期待され、ＢＭＷのＥＶでも採用された炭素繊維は、東レなどに代表される日本の技術が世界トップです。

この第2レイヤーで、日本やドイツが確固たる地位を確立していくためのキーワードは「信頼」ではないでしょうか。そのデジタルサービスに対する安心感といってもいいかもしれません。

デジタル化された工場やバリューチェーンからのネットワーク型モノづくりが実現された際は、デジタルシミュレーションの結果が現実世界で実現できることが保障されている。自動運転が実現された際には、車が暴走したりせず、安心して乗車できる。健康診断を受けた際、検査結果のデジタル情報がきちんと保護されて、プライバシーが保たれている。

そんなデジタル時代の信頼感は、誠実な日本が高い付加価値を生み出し、イニシアティブを獲得するためのポイントとなっていくと思われます。

２０１９年、Ｇ20で日本政府は「信頼ある自由なデータ流通を目指すべきだ」と世界に発信しました。この件について、日本ではあまり報道されなかったことがとても残念です。

第 6 章

日本の未来

1 経営者の役割

日本企業は第４次産業革命のキープレーヤーとして活躍できる

２０１９年5月、日本は平成から令和という新しい時代を迎えました。

かつて、世界時価総額トップ10企業をほぼ日本企業が独占した時代から、平成のバブル崩壊、リーマン・ショック、東日本大震災という苦難の時期を乗り越えて、日本企業は効率化に取り組みながら、内部留保を蓄積し、復活を果たしてきました。

その一方で、第４次産業革命という大きな変化が始まった時代に、わたしたちは向き合っています。

「１００年に一度の大変革が起こっている」（トヨタ自動車　豊田章男社長）

「自動車が生まれて１３０年の変化に匹敵する変化がこれから20年で起こる」（ドイツの産業

界の合言葉）

「モノづくりなど、ビジネスのゲームチェンジが起こる。チャンスは最初の10年しかない」（ヤフー　安宅和人ＣＳＯ）

これらのメッセージにも、それがよく表れています。

私は、日本企業の経営者が他国のトップＩＴ企業やスタートアップ企業の動向をさぐって様子を見るといった受け身の姿勢から、思い切って一歩踏み出すことを期待します。そして、スピード感を持った戦略的な取り組みにグローバルにチャレンジすることによって、日本企業が第４次産業革命のキープレーヤーとして、世界で輝くことができると考えています。

日本は江戸時代末期、黒船という第１次産業革命に遭遇

実は日本はかつて、現在とよく似た状況を経験し、ものすごいスピードで変化して成功をおさめています。

それは、かつて鎖国が２００年以上続いた江戸末期に、日本に黒船が訪れたときです。米国など欧米諸国の圧倒的なパワーに、当時の日本人は驚きました。

今考えてみると、そのパワーの源には、当時イギリスで始まった蒸気機関という第１次産業

革命のテクノロジーがあったことがわかります。この蒸気というテクノロジーを使いこなしていたのが、その時代の米国や欧州諸国でした。黒船はその新しいテクノロジーの象徴だったのです。

当時の日本は、外国のテクノロジーに大いに驚き、従来の古いシステムから脱皮して、自らを猛スピードで変化させました。欧米諸国にキャッチアップを始めて、明治時代に現在の日本の基礎をつくり上げたのです。

この社会や産業システムの大転換には、新しい時代を築くための若い経営者たちの挑戦がありました。今、これに匹敵する大きな変化が訪れていることを、私たちは知る必要があります。

21世紀の世界を変える「第4の産業革命」の黒船

ここで、こんな疑問がわきます。

「この21世紀に世界を変えつつある『第4の産業革命』の黒船とは、いったい何なのか」

それは、本著で見てきた、私たちの想像をはるかに超えて進化するコンピューティングパワーと、ＡＩ（人工知能）やＩｏＴ（インターネット・オブ・シングス）に代表されるデジタルテクノロジーではないでしょうか。

産業で見ると、デジタルテクノロジーは、ｅコマースなどの小売業、マーケティング、広告などの産業を、世界中で一変させてきました。この連続的なデジタル化は、コンピューティングパワーがさらに拡大し、テクノロジーのコストが下がり続ける中で、今後すべての産業で進んでいくはずです。

日本の経済基盤でもあるモノづくりの分野でも、これからデジタルバリューチェーンへの変革が活発化するものと予想されます。自動運転や電機自動車（ＥＶ）など、モビリティの世界でも、半導体の価格破壊が進み、デジタルテクノロジーがビジネスモデルを一気に変化させていくでしょう。

その先には、コンピュータの計算コストがさらに下がる一方、計算速度が上がることにより、製造現場での３Ｄプリンタの活用が進むと予想されています。さらに、ＩｏＴによるエネルギー効率の制御がコストの面から可能となり、太陽光などのクリーンエネルギーの活用が爆発的に増加。スマートシティの成功例が生み出されてくるはずです。

こういった連続的な大きな変化は、日本企業にとって大きなチャンスだととらえられます。日本企業の経営者の方には、このことをぜひ肝に銘じていただきたいと思います。

第１章のスマイルカーブを思い出してください（53ページ参照）。

例えば、素材メーカーには大きなチャンスがあることがわかります。自動車のＥＶ化は、車体の軽量化が走行距離、つまり性能を決めるポイントになります。炭素繊維（カーボン）技術で、世界トップをいく日本の素材メーカーには、今後ますます大きなビジネスチャンスが見込めます。

ＥＶのブレイクスルーを起こすとされる全固体電池の実用化も、そのタイミングは２０２０年代とされていて、ＡＩ技術でのシミュレーションを使った素材の開発も始まっています。日本企業がこの開発に成功し、世界をリードする可能性は十分あります。

日本を代表する産業である自動車産業も、これからの自動運転、ＥＶなど、ＣＡＳＥ（57ページ参照）の分野で世界的な成功をおさめるチャンスはありますし、これからのコンピューティングパワーの拡大を支える日本の半導体製造設備メーカーの技術は、米国と並んで世界トップです。

日本は、やり方さえ間違えなければ、第４次産業革命の中で、重要なパートナーとして、デジタルソリューションのチームの一員となっていく潜在力を持っているのです。

このタイミングでぜひ、それぞれの企業が自分たちの強みを生かし、勝利を獲得できるデジタル化の取り組みとは何かを考えてほしいと思います。

2 人材活用と組織編成

破壊的イノベーションのジレンマ

第4次産業革命の時代は、AIとビッグデータを活用し、新しいビジネスを生み出せる可能性が大いにあります。しかし、ここにひとつのジレンマがあります。

それは、最新のデジタルテクノロジーを使って考え出した新しい事業が、自社が持つ既存のビジネスモデルの脅威となってしまうことです。これを**破壊的イノベーション**といいます。

例えば、自分たちの会社の経営基盤となっている大きな事業であればあるほど、さまざまなリスクから守ろうとする力が働きます。もし、新しく考え出した事業が、その大きな事業にとってリスクになるなら、新事業にどんなに可能性があっても、これを排除しようとする力が働くものです。ここがテクノロジーが大きく進化する時代のジレンマです。

実際に、ドイツが考え出したCASEの中のEVの開発でも、そのようなジレンマが生じています。ドイツを代表する大手自動車メーカーの中で、これまで絶対的な力を持ってきた内燃機関のガソリン・エンジンを開発する部門と、モーターを使ってＥＶ車を開発する部門との対立や軋轢が生じているケースもあるのです。

　また、自動運転やシェアリングなどのテクノロジーのキーとなるソフトウエア開発人材のマネージメントが、組織の中のトップマネージメント集団に入ることはまだまれで、思い切った経営手腕や裁量を発揮しづらいケースもあるといいます。

　その他、第4次産業革命の成功に向けて、課題となるのはスピードです。今、商品のライフサイクルといわれる、企画・設計から、製造、販売、サービスの提供までの期間がどんどん短くなっています。第4次産業革命が、バリューチェーンの最適化、効率化を生むものであることを考えると、当然といえるかもしれません。

　さらに、コンピューティングパワーはますます大きくなり、それと比例して、半導体の価格破壊と小型化が進み、コンピューティングパワーの利用コストは加速度的に下がっていきます。こういった変化に伴い、産業も大きく変化していくので、その変化にすばやく対応していく必要があります。

　製造業や流通のオペレーションの分野など、現実世界で強みを持つ日本企業にとって、意思決定のスピードに時間がかかることは、トップＩＴ企業や内外のスタートアップ企業と連携するのに、場合によっては投資活動を行うときにも足かせになってしまいます。

それから、デジタル人材の確保も大きな課題です。

スマートフォン（スマホ）は、アイフォーンが２００７年に発売されてから爆発的に普及し、今やデジタルと現実世界をつなぐ最も重要なツールとして機能しています。物心ついたころから、スマホを当たり前のように使い、デジタルの世界と常につながっているのが当たり前の若い世代を指して、「デジタル・ネイティブ」という呼び方も生まれています。

ドイツのフォルクスワーゲンのスタートアップ企業との協働プロジェクトに見られるように、新しいビジネスモデルを生み出していくには、デジタル・ネイティブ世代の人材といかに連携、協働していくかがポイントになるはずです。日本企業は、ＡＩなどのデジタル技術をプロフェッショナルなレベルで使いこなせる若い人材を積極的に活用する体制を、できるだけ早くつくり上げる必要があります。

最近のニュースでも、ソニーが、ＡＩなどの専門技術を持つ新入社員に、高給を提示する取り組みが報道され注目を集めました。一方、これまでの従業員への給与体系との格差が生じることのリスクを心配する声も聞かれます。

日本企業は攻めと守りの組織を分離せよ

これらの課題を克服する方法を、日本のＡＩ研究の第一人者や経営者の方々と議論する研究会をシンクタンクである日本経済調査協議会で開きました。その中で出した答えが、企業の「攻めと守りの組織を分離する」という方法です。

攻めの組織は、思い切って別会社として独立させる方法も考えられます。そして、この組織には思い切って若手の人材を投入する。スタートアップ企業と同じスピード感で、デジタルテクノロジーのソリューションをビジネスレベルに磨き上げることが必要です。アリババのケースを思い出してください（１６１ページ参照）。ソフトウエアの活用で手腕を発揮する有能な人材が、これらの攻めの分野の経営者になるケースもごく普通になるかもしれません。

既存の事業の研究開発費と比較して、日本企業の新規事業への投資は、予算を確保するのが難しいといわれています。しかし、このような大きな変化の時代では、内部留保資金を活用する思い切った新規事業への投資を考えていくべきなのではないでしょうか。

加速している世界の変化は待ってくれません。第４次産業革命のデジタルの世界は、早く参入した企業が勝ちやすいという特徴があります。スピードが求められる時代の中で、日本のビジネスパーソンにもスピード感が求められています。

3 地方創生と少子高齢化の切り札

第4次産業革命が「世界的な地産地消」に導く

第3章で紹介したアディダスの世界最先端のスピードファクトリーは、ベルリンなどのドイツの大都市ではなく、ミュンヘンから北に200キロ、人口4万人ほどのアンスバッハの郊外にあります。ニュルンベルクにあるアディダスの本社からも40キロあまり離れているこの地方の町が、なぜ世界最新鋭のマス・カスタマイゼーションに挑戦する工場の立地に選ばれたのでしょうか。

これは、従来からアディダス製品の部品製造を行ってきたバリューチェーンの中核となる優良中堅企業がこの町にあったからだといいます。モノづくりの力で、ドイツの地方中堅企業がアディダスを支えているのです。

そして、アディダスは技術の自前主義にこだわらず、第4次産業革命の要ともいえる高速

３Ｄプリンティングを生み出した米国のベンチャー企業をパートナーに引き入れて、この地方工場で挑戦を始めています。

このビジネスモデルは、先進国であってもデジタルの力を使えば、市場に近いところで、大量生産と同じコストで製品の生産を行える可能性を示しています。日本でいう地産地消を可能にするビジネスモデルなのです。

大量生産とデジタルの力を活用したマスカスタマイズのコストが同等に近づきつつある今、大量生産一辺倒の時代は終わりつつあります。

日本市場でも、人件費が安いという理由で海外に移していた工場の一部を日本国内に戻し、地産地消を進めることが可能になっていくのではないでしょうか。

その一方で、現在の地方が抱える課題に、少子化による労働力不足があります。

しかし、第４次産業革命の工場の特徴は、労働者をデジタル技術によって支えることで、必要な労働力を削減できる点です。熟練工のノウハウがデジタル化され、若手の比較的経験が浅い作業員をＡＩなどでアシストできる時代が近づいています。

少子高齢化という環境で、製造業が成功するモデルが実現すれば、これを少子高齢化が進む海外に販売していく新しいビジネスモデルも期待できます。

また、生活に必要なエネルギー、電気の分野も、地産地消が期待されています。太陽光などのクリーンエネルギーを発電・供給する小規模なエネルギーネットワーク「マイクログリッド」は、自治体や企業主導で、地域ごとにつくり上げていくことが可能です。

ポイントは、エネルギー効率を高めるテクノロジーやソフトウエア制御の技術の高さ、コストが、今後、急速に変化していくと予想されている点です。この地産地消モデルが、日本の地方活性化に役立つことが期待されています。

日本型自動運転の導入で地方の課題克服

今、高齢者によるブレーキとアクセルの踏み間違いが原因の事故が増えています。島根の実家に住む私の母は、高齢者が運転する車がコンビニにぶつかったニュースを見て、運転免許証を返上しました。

ところが、日本で最も高齢化が早く進む地方のひとつである島根県では、車が運転できないと大変なことになります。ただちに買い物難民状態になるのです。

高齢者の移動手段の確保という地方の課題を克服する方法はないものでしょうか。地方の場合、買い物は街の周辺にある大型ショッピングセンターへ自動車で移動するのが一般的です。そのため、日本の地方の道路は道幅が広く、よく整備されています。そこで、地方での自動運転の実証実験を積極的に進めて、高齢者が自動運転を活用できるケースを増やしていく方法があるのではないでしょうか。

また、この自動運転機能にシェアリングを掛け合わせる方法もあります。自動運転の小型バスで、実際にニーズのある高齢者の移動をカバーするのです。

自動運転車やシェアリングのサービスをパッケージ化すれば、今後、世界中で少子高齢化が進む国へ提供するＭａａＳ（60ページ参照）サービスとして、ビジネス化していけるのではないでしょうか。

また、ＥＶも地方の活性化に役立てられると思います。全固体電池の開発が、これを後押しするはずです。

グローバルに見れば、欧州や中国、米国の西海岸などでは、渋滞の多い大都市でのＥＶ小型車の活用が議論されています。

しかし日本を見れば、地方こそ小型のＥＶに向いています。先述の通り、街の周辺にある大型ショッピングセンターへの足代わりとして、自動車は地方での生活の必需品です。また、買い物や日常の足としては、小回りがきいて経済的なので、軽自動車が増えています。

この軽自動車をＥＶに変えていく。そして今後、ＥＶで利用したバッテリーを、家庭や企業などで太陽光などクリーンエネルギーで生んだ電気の蓄電装置として活用していくとよいのではないでしょうか。

4 農業

農業のスマート化、精密化で地方創生

日本の農業も今、高齢化が急速に進んでいます。

日本全国の農業就労者の平均年齢は67歳。年齢別の割合を見ても70歳以上が47％、実に日本の農業従事者の半数が70歳以上という状況にあります。

一方で、現在進んでいる第4次産業革命のテクノロジーは、農業の分野に画期的な変化を生み出す潜在力を持っています。

これまでは、大規模農業が可能な米国やオーストラリアなどと比較して、山地・丘陵地が国土の7割を占める日本は、小規模な農家が多く、費用対効果の観点から、デジタル技術を導入するのは容易ではないとの指摘もありました。

しかし、コンピューティングパワーの拡大に対し、計算コストは低下する傾向にあります。

加えて、クラウドコンピューティングでの気象のビッグデータや農地のデータ・画像の分析や農作業の自動化で業務を効率化したり、自動化を支えるローカル５Ｇ技術などを駆使することで、全体のコストを抑え、収益を増やせる可能性も見えてきました。

これまで、デジタル化への取り組みが少なかった農業の分野こそ、若いデジタル人材にパートナーとしてプロジェクトや実証実験に参加してもらうことで、今後大きな効率化やビジネスモデルを生み出す潜在力があるのではないでしょうか。

農業に「ＡＩ×データ」と自動運転を活用

ＡＩとデータを活用すれば、効率的なスマート農業を実現できます。すでに、精密農業という呼び方も生まれています。

例えば、農地を自動操縦のドローンでモニタリングして、害虫や病害被害のあるところを特定します。この映像を分析する部分に、ＡＩのディープラーニング技術やクラウドサービス技術を活用できます。こういったデジタルテクノロジーによって、病害虫による被害の原因をつきとめ、必要な場所だけにドローンで農薬散布を行うのです。

また、植物工場でセンサーを活用し、水や湿度、日照の状況をモニターする効率的な農業を実現する方法もあります。センサーのコスト、植物工場を制御・コントロールするためのコンピュータの計算コストも、これから下がってくるはずで、植物工場を実用化できる分野が広がってくると予想されます。

自動運転の技術も、農業でも活用されるはずです。トラクターなどの農業機械の自動運転はもちろん、卸売市場や運送センターへの搬送にも、大型、小型トラックの自動運搬が可能となっていくでしょう。すでに、自走する農業用ロボットが、ＡＩを使って収穫を代行する実例も日本に現われています。

トップＩＴ企業、デジタル・プラットフォーマーが、この農業の分野を支援する活動を活発化させる可能性もあります。ｅコマースからリアルの物流まで、デジタルパワーを使ってビジネス拡張に取り組んできたプラットフォーマーは、モノづくりだけではなく、このスマート農業の生産を支援する戦略をとることも十分にありえるのではないでしょうか。

5 世界をけん引するデジタル大国への飛躍

世界の課題になる高齢化、人口減少による労働力の不足

世界一高齢化が進む日本において、人口減少による労働力の不足を克服していくことは待ったなしの状況です。しかし実は、高齢化による労働力減少は、日本にとどまらず、世界的に大きな課題となりつつあります。

米国の格付け会社ムーディーズ社の推定によれば、65歳以上の人口が20％を超える国は、2014年の段階で、ドイツ、イタリア、日本しかありませんでした。しかし、これが2020年には13カ国、2030年には34カ国に増加すると予想されています。

日本がこの高齢化や労働者不足の課題を克服することは、世界の課題を克服することでもあります。第4次産業革命のデジタルテクノロジーを使って課題を克服できれば、それは、日本

の将来の輸出産業として花開く可能性があります。

高齢者医療を
IoTを活用した予防医療で克服

例えば、高齢者医療の分野です。

私たちの生活で最も大切なもの。それは、健康であることです。そして高齢者人口の増大による医療費拡大は、今、日本の財政の大きな課題となっています。

この課題を克服する方法のひとつとして、予防医療対応があります。つまり、病院にいく必要のない高齢者層を増やして、医療費負担を減らす方法です。病気になって医療を受ける前に、健康な体を維持できるように支援するのです。

病気になる前に、体のサインを見逃さないという点については、IoTの技術が活用可能です。今後、わざわざ病院に行かなくても、健康診断を家庭に設置されたセンサーで常時行うことができる遠隔健診が可能となってくるはずです。5Gの導入もこれを後押しします。

こういった高齢者の健康状態の見守りに使われるセンサーは、第2章で取り上げた超小型センサーや、AIを搭載した超小型コンピュータ「スマートダスト」が担当するようになるかもしれません。

医療現場でも、ＩｏＴのコストダウンやコンピューティングパワーの急速な拡大、クラウドコンピューティングや５Ｇなどの通信技術の活用によって、医療施設にサーバーやコンピュータを用意しなくても、最適化された医療分析を行えるようになっていきます。

また、人それぞれに異なるＤＮＡやゲノム（遺伝子）分析による診療の進化も期待できます。例えば、がん治療です。現代のがん治療は、胃がん、乳がんなどがんができる臓器によって、治療方法、薬の使い方が確立されています。近い将来デジタルテクノロジーによってがん細胞、血液のゲノムを解析し、がんの原因となった遺伝子を特定できれば、それに合わせた薬の開発が進められるようになるのではないでしょうか。

今後、日本の労働力不足を補うために、製造業（工場）、農業、小売り、流通、運輸などの現場で、高齢者や外国人労働者が増えてきます。そこで、デジタルの力がこれらの高齢者や外国人労働者に寄り添い、豊かな社会を実現していく。日本政府と経団連が中心になって示したソサエティ５・０のビジョンは、十分実現可能と予想されます。

第４次産業革命は
地球の持続的な発展のために

カリフォルニアの山火事や北極の氷が溶けて海水面が上昇するなど、地球温暖化や異常気象による自然災害のニュースが増えています。過去最高水準の温室効果ガスのデータが確認される中、日本でも、極端に暑い夏や今までに経験したことのない豪雨など、気候の変化を実感することが多くなりました。

一方、「第4次産業革命は地球にやさしい」といわれます。ちょっと意外に感じるかもしれませんが、これは本当です。

例えば小売りの世界では、デジタル化、スマート物流によって、食品ロスを防ぐための在庫の管理が容易になると見込まれます。

自動車のシェアリングの進展は、車を所有から共有に変えるプロセスでもあります。つまりシェアリングが進むと、自動車の絶対数の削減につながり、環境面に優しい取り組みの一つであることがわかります。

最新のデジタル技術で工場でのエネルギー効率が上がると、エネルギーの無駄使いが減ります。また、インダストリー4・0が目指す、消費者起点のオンデマンド型の生産が進めば、無駄な生産や在庫そのものが減っていきます。

こういったテクノロジーや新しいビジネスを途上国も含め、世界で共有していくことによって、地球全体の効率化を進め、エネルギー消費、温室効果ガスの抑制につながることが期待されています。

国連ＳＤＧｓの採択

２０１５年９月、国連は全会一致で、人類が持続的に発展するために２０３０年までに達成すべきゴールとして、ＳＤＧｓ（持続可能な開発目標／Sustainable Development Goals）を採択しました。日本の政治家や経済団体の方が、丸い虹色のＳＤＧｓのバッジをつけているのを見たことがあるかもしれません。

この取り組みは、17のグローバル目標が設定された非常に幅広い取り組みなのですが、とくに「目標12　持続可能な消費と生産」については、第４次産業革命のテクノロジーで大いに成果を上げることができます。

日本の取り組むべき方向

温暖化の進行を受けて、世界は脱炭素社会、クリーンエネルギーの活用を推進する方向へと向かっています。これからコンピューティングパワーを使った計算コストが下がる中で、この取り組みは、より活発化していくものと考えられます。

かつて、公害を乗り越えた日本の技術力は、火力発電の石炭などの脱硫装置などで世界でも高く評価されました。また、一国主義「ジャパン・ファースト」ではなく、日本のＯＤＡやボランティア支援活動を通して、大気汚染や砂漠化の防止などの環境問題に取り組んできた実績を、途上国をはじめとする世界各国が知っています。

環境を大切にする日本が、第４次産業革命の最先端のデジタルテクノロジーを駆使して資源の無駄をなくし、地球の資源をできるだけ大切に使うという課題解決を実現していければ、日本のテクノロジーの価値はますます上がっていくのではないでしょうか。

国連ＳＤＧｓの中でも、「目標12　持続可能な消費と生産」で、世界をリードしていけるよう、環境対策への積極的な取り組みが期待されます。

大阪・関西万博２０２５で「日本を見れば、世界の未来が見える」を発信！

２０２５年の大阪・関西万博の開催が決定し、その準備が始まっています。展示のコンセプトは、「未来社会の実験場」（写真６-Ａ）。あらゆるものがインターネットにつながるＩｏＴや、第４次産業革命のテクノロジーを活用して、参加・体験型の展示を目指すとされています。

１９７０年に６４００万人の来場者を記録して大成功した大阪万博。当時小学生だった私も、わくわくしながら世界各国のパビリオンを見て回って、大いに感激したひとりです。そのときのテーマは「人類の進歩と調和」でした。

写真6-A　大阪・関西万博2025の会場イメージ

提供：経済産業省

当時の科学技術の象徴であった、人類初の月面着陸。そのとき、米国のアポロ11号の乗組員が地球に持ち帰った「月の石」の展示が大きな話題になりました。

本著でも紹介したように、アポロ計画の宇宙飛行という未来を築くテクノロジーからは、「ムーンショット」という言葉が生まれ、新技術の産業への実用化がいろいろな分野で進みました。

そして、第４次産業革命の時代へ。そのチャレンジは、世界で広がっています。

「日本チームだけで」という小さな殻に閉じ籠もらずに、米国、欧州、中国など、世界各国で進む第４次産業革命のわくわくするような体験が、大阪・関西万博に集結してほしいものです。そして、第４次産業革命、デジタルトランスフォーメーションの時代を生きる日本の若者や子どもたちにも、ぜひ来場してもらって、あっと驚く最先端技術に触れる機会になることを願います。

さらに、これから日本で開催されるビッグイベントは、大阪・関西万博だけではありません。みなさんご存じの通り、２０２０年には、東京オリンピック・パラリンピックが開催され、世界からアスリートたちが日本に集結します。アスリートや関係者たちを運ぶため、自動車産業とデジタル産業が融合した自動運転が日本を象徴するテクノロジーとして紹介されます。

また、２０２０年は、世界ロボットチャレンジが日本で開催され、世界のロボットが愛知、福島に集結します。日本のエンジニアがつくり込んだロボットが活躍を見せてくれるはずです。さらに２０２０年は、日本でも５Ｇがスタートし、通信速度を生かした新しいＩｏＴサービスが次々に実用化されるでしょう。

これらのビッグイベントが日本のショールームの意味であることを考えながら、例えば、こんなメッセージや体験を世界に連続して、発信し続けるのはどうでしょうか。

「日本を見れば、世界の未来が見える」

「デジタルのリアル世界への融合は、日本で体験できる。ぜひ、自分たちの国でも使ってみたい」

どんなにデジタル側が発展しても、私たちが生活する現実世界にフィードバックされて活用される以上、現実世界の経済活動は必ず重要な要素であり続けます。なぜなら、ユーザーはデジタル側ではなくリアル側にいるからです。

この難しい時代に、ドイツが米中の間に立った、自由貿易・民主主義を掲げて中道をいくバランサーとして、同じ価値観を持つ日本との関係強化を求めています。一時は、海外のＶＩＰやトップビジネスマンが、日本を素通りする「ジャパン・パッシング」という言葉がありましたが、これから世界の中で、日本のポジションが急速に高まっていく可能性があるのではないでしょうか。

日本では、31年続いた平成の時代が終わり、令和という新しい時代の幕開けとなりました。この新しい時代は第4次産業革命のデジタルソリューションが花開き、世界各国の文化や環境に合わせて、それぞれの地域でチームを組んだ企業連合が、次々に立ち上がっていくはずです。そして、AI×ビッグデータなど、本著で紹介してきた最新のデジタル技術の産業への本格的な実用化が起こります。

その中で日本が、世界のチームの力強いパートナーとして輝く未来を、私は信じたいと思います。

インタビュー

ＩＶＩ　理事長・法政大学デザイン工学部　教授

西岡靖之氏

日本の製造業の未来

早稲田大学機械工学部機械工学科卒業。東京大学大学院博士課程修了。米国マサチューセッツ工科大学客員研究員を経て、2007年より現職。2014年、日本機械学会生産システム部門長。2015年、インダストリアル・バリューチェーン・イニシアティブ設立。現在、理事長として、日本のモノづくりのデジタル化をリードする。

つながる工場をめざすＩＶＩ

尾木　ＩＶＩ（インダストリアル・バリューチェーン・イニシアティブ／２２６ページ参照）の活動状況を教えてください。

西岡　ＩＶＩは、「つながる工場」をテーマに参加企業がチームをつくり、今、20を超えるワークショップ・ワーキンググループが活発な実証実験を行っています。

　２０１５年、日本機械学会の生産技術・生産管理のイノベーション分科会を母体に、任意団体でスタートしましたが、２０１６年には一般社団法人になりました。ＩＶＩの一番の特徴は、会員が工場を持っていて、現場のリアルなデータを使いながら実証実験、評価を行うことができることにあります。ワークショップの実証実験の活動から、データを取るプラットフォームを検討して、製品化されたものもあります。

尾木　東京での活動以外に、地方でのＩＶＩの活動はどうなっているのでしょうか。地方の中小企業が、ＩｏＴの取り組みを始めるきっかけを探しているということをよく聞きます。

西岡　ＩＶＩの規模が大きくなるにつれて、地方での活動に対する要請も増えてきています。会員でキャラバン隊をつくって、地方での体験型セミナーの開催に取り組んでいます。２０１６年に静岡、神戸、富山からスタートして、毎年、10都市以上のペースで参考となる実証実験やその成果などを、地方の企業と共有できるように活動しています。

尾木　米国のＩＩＣ（インダストリアル・インターネット・コンソーシアム／２０３ページ参照）では、ドイツのインダストリー４・０の主要プレーヤーが、幹部組織のステアリングコミッティーのリーダーになって活動を活発化しています。

　ＩｏＴ時代に対応した新たな生産プロセスの開発やサプライチェーン全体の最適化を目指したコンソーシアムの動きとして、ＩＶＩの活動は、世界的にも認知度が上がってきたのではないでしょうか。

西岡　ドイツのインダストリー４・０プラットフォームの関係者や、ＩＩＣ関係者とは、課題意識や目指す方向感を共有しています。

　ドイツは、標準化をにらんだデジタル分野の基礎モデル「インダストリー４・０の参照アーキテクチャーＲＡＭＩ４・０」を、ＩＩＣも同様に「ＩＩＣ参照アーキテクチャー」を発表しています。そこで日本も国際的なデジタル化の流れの中で、日本の製造業のつながる工場の考えやポジションをしっかり示していけるよう、２０１７年、「インダストリアル・バリューチェーン・参照アーキテクチャー」を発表しました。ドイツや米国以外に、中国や東南アジアからの照会も増えています。

製造業のデータ流通にチャレンジ

尾木　欧州では、ＩｏＴ、ＡＩ時代の鍵を握るといわれるデータの連携、流通を促進するためのインターナショナル・データスペース構想の取り組みがスタートしています。ＩＶＩの、データ流通の取り組みについて教えてください。

西岡　欧州もドイツをリーダーに、ＩｏＴへの取り組みの一環として、データの利活用への取り組みを始めています。データは、ＩｏＴを進めていく上で、価値を生み出すものですが、このデータの利活用の仕組みを整えていくことが重要だと思います。

　ＩＶＩは２０１８年10月、ご指摘のインターナショナル・データスペース構想を進めるＩＳＤＡ（International Data Spaces Association）、FIWARE Foundation（ファイウェア・ファウンデーション／次世代インターネット官民連携推進団体）と協力関係を進める覚書（ＭＯＵ）を締結したところです。

日本には、製造業から生み出されるデータが大量にあります。一方、そのデータの私利用のための日本のプラットフォームが複数あるのが課題でした。

そこでIVIは、日本政府が提唱する「コネクテッドインダストリーズ」の一環として国からの補助を受け、製造業のデータ利活用のためのさまざまなネットワークが、それぞれのデータを相互に流通させるための仕組み「コネクテッドインダストリーズ・オープン・フレームワーク」のスタートに取り組んでいます。

これから仕様を確定して、国内外に広く公開されます。ぜひ企業の方々に活用していっていただければと思っています。

おわりに

第４次産業革命に関するニュースが、毎日のように報道されるようになりました。前著『決定版　インダストリー４・０』を出版してから４年の間に、インダストリー４・０、ＩｏＴ、ＡＩを取り巻く環境も加速度的に変化しています。

ドイツのインダストリー４・０や、米国や中国のＩｏＴ、ＡＩ関係者とディスカッションする機会があるたびに、大きく変化する世界の最新の情勢を日本のビジネスパーソンにお伝えする機会はないかと考えるようになりました。今回、東洋経済新報社のご理解を得て、本著をまとめることができました。

編集をご担当いただいた出版局齋藤宏軌部長には、温かい励ましやアドバイスでご支援いただきました。本当にありがとうございます。

多忙な中、インタビューを引き受けていただいた、ヤフーＣＳＯ・慶應義塾大学教授の安宅和人氏、ローランド・ベルガー名誉会長のローランド・ベルガー氏、ＩＶＩ理事長・法政大学・西岡靖之教授にも、お世話になりました。

また、日本経済調査協議会でのＡＩ研究会で委員長をお引き受けいただいた日立製作所の庄山悦彦名誉相談役、同協議会・杉浦哲郎調査委員長には、研究会での議論を本著で取り上げることを快くご了解いただきました。

さらに、東京大学未来ビジョン研究センター客員研究員の小川紘一氏、産業技術総合研究所（産総研）情報・人間工学領域長の関口智嗣理事、日本ＩＢＭの久世和資執行役員最高技術責任者、三菱電機ＦＡシステム事業本部 産業メカトロニクス事業部の安井公治技師長、シーメンス日本法人の藤田研一代表取締役社長、テクノスデータサイエンス・エンジニアリングの池田拓史執行役員常務から、画像提供やアドバイスをいただくなど、多くの方に支えられて執筆を終えることができました。

本著に記載した内容は、ドイツ・ザクセン州経済振興公社日本代表の立場ではなく、日本のコンサルティングファームの立場で、関係者の方々からお聞きした内容をもとに、著者の個人的意見をまとめたものです。念のため、お断りしておきます。

第４次産業革命の時代に、明るい日本の未来が実現されることを祈ります。

【参考文献】

Plattform Industie 4.0［2014］"Industrie 4.0 Whitepaper FuE-Themen"

Thomas Schulz［2017］Industrie 4.0: Potenziale erkennen und umsetzen,Vogel Business Media

Christoph Keese［2017］*Silicon Germany: Wie wirdie digitale Transformation schaffen*, Penguin Verlag

Andrew McAfee, Erik Brynjolfsson［2017］*Machine Platform Crowd: Harnessing Our Digital Future*, W. W. Norton & Company

小川紘一［２０１４］『オープン&クローズ戦略』翔泳社

高梨千賀子・福本勲・中島震編著［２０１９］『デジタル・プラットフォーム解体新書』近代科学社

中西孝樹［２０１８］『ＣＡＳＥ革命』日本経済新聞出版社

日高洋祐・牧村和彦・井上岳一・井上佳三［２０１８］『ＭａａＳ』日経ＢＰ社

伊丹敬之［２０１９］『平成の経営』日本経済新聞出版社

李智慧［２０１８］『チャイナ・イノベーション』日経ＢＰ社

日本経済調査協議会［２０１８］『人工知能（データ×ＡＩ）研究委員会　報告書』

企業活力研究所［２０１９］『新時代のものづくりにおける人間とＡＩの協働のあり方に関する調査研究報告書』

【著者紹介】
尾木蔵人（おぎ　くらんど）
三菱UFJリサーチ&コンサルティング
国際アドバイザリー事業部副部長
ドイツ連邦共和国 ザクセン州経済振興公社　日本代表部代表

1985 年東京外国語大学ドイツ語学科卒業後、東京銀行（現・三菱UFJ銀行）入行。ドイツ、オーストリア、ポーランド、UAE、英国に合わせて 14 年駐在。日系企業の海外進出支援に取り組み、2005 年ポーランド日本経済委員会より表彰。日本輸出入銀行（現・国際協力銀行）出向。アジア諸国向けIMF、世界銀行協調融資等担当。2014 年 4 月より現職。

企業活力研究所ものづくり競争力研究会委員。IVI（インダストリアル・バリューチェーン・イニシアティブ）学術会員。日本経済調査協議会人工知能（AI）委員会主査（2016 ～ 17 年）。経済産業省ものづくり分野における人工知能技術の活用に関する研究会副主査（2017 ～ 18 年）。慶應義塾大学大学院システムデザイン・マネジメント研究所研究員（2017 ～ 18 年）。
「ニュースウオッチ 9」「おはよう日本」（NHK）、『日本経済新聞』『週刊エコノミスト』等、テレビ出演、新聞雑誌掲載多数。著書に『決定版　インダストリー 4.0　第 4 次産業革命の全貌』（東洋経済新報社）がある。

2030年の第4次産業革命
デジタル化する社会とビジネスの未来予測

2020 年 2 月 13 日発行

著　者――尾木蔵人
発行者――駒橋憲一
発行所――東洋経済新報社
〒103-8345　東京都中央区日本橋本石町 1-2-1
電話＝東洋経済コールセンター　03(6386)1040
https://toyokeizai.net/

装　丁…………吉住郷司
D T P…………アイランドコレクション
印刷・製本……丸井工文社
編集協力………小川由希子
編集担当………齋藤宏軌

ISBN 978-4-492-76252-3